U0755131

商务英语教学的
创新方法与实践研究

孙小清 ◎ 著

中国商务出版社
·北京·

图书在版编目（CIP）数据

商务英语教学的创新方法与实践研究 / 孙小清著
. -- 北京：中国商务出版社，2023.12
ISBN 978-7-5103-4899-0

Ⅰ．①商… Ⅱ．①孙… Ⅲ．①商务－英语－教学研究
Ⅳ．①F7

中国国家版本馆 CIP 数据核字（2023）第 214507 号

商务英语教学的创新方法与实践研究

SHANGWU YINGYU JIAOXUE DE CHUANGXIN FANGFA YU SHIJIAN YANJIU

孙小清　著

出　　版：中国商务出版社
地　　址：北京市东城区安外东后巷 28 号　　　　邮　编：100710
责任部门：发展事业部（010-64218072）
责任编辑：孟宪鑫
直销客服：010-64515210
总 发 行：中国商务出版社发行部（010-64208388　64515150）
网购零售：中国商务出版社淘宝店（010-64286917）
网　　址：http://www.cctpress.com
网　　店：https://shop595663922.taobao.com
邮　　箱：295402859@qq.com
排　　版：北京宏进时代出版策划有限公司
印　　刷：廊坊市广阳区九洲印刷厂
开　　本：787 毫米 ×1092 毫米　1/16
印　　张：9.25　　　　　　　　　　　字　　数：200 千字
版　　次：2023 年 12 月第 1 版　　　印　　次：2023 年 12 月第 1 次印刷
书　　号：ISBN 978-7-5103-4899-0
定　　价：65.00 元

前 言 Preface

随着经济全球化的发展，国际贸易往来愈加频繁。尤其是当前我国正处在扩大对外开放的新阶段，作为顺利开展经济活动的语言工具，商务英语的重要性愈加凸显。同时，信息技术的飞速发展，为教育领域的改革创造了条件，在这样的时代背景下，商务英语教学只有与时俱进、积极创新，才能培养出国家需要的复合应用型商务英语人才。基于此，对新时代商务英语创新教学方法的研究具有十分重要的意义。

本书首先对商务英语教学的相关概念和理论进行了详尽的阐述，在回顾历史和分析现状的基础上，首先探讨了新时代下商务英语教学面临的机遇与挑战，即如何将信息技术融入商务英语教学，如何满足全球化和跨文化沟通对商务英语教学的要求，以及在职业导向的视角下，如何顺应学生的需求以培养他们在实际工作中所需的商务英语技能。对这些问题的深入探讨为之后研究商务英语教学方法的创新做了全面的铺垫。其次，创新技术在商务英语教学中的应用是本书的研究重点，这一部分内容包括多模态理论、移动学习理论、虚拟现实以及人工智能技术的应用。最后，本书对商务英语教学创新的保障体系构建进行了探讨，结合教学实践给出了一些建议。本书旨在为商务英语教学的创新提供理论支持和实践参考，对教育工作者、研究者和学生都具有一定的参考价值。

目 录 Contents

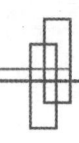

第一章　引言

第一节　商务英语概述

商务英语作为一门重要的语言工具，在全球商业活动中发挥着至关重要的作用。它不仅是一种语言，更是一种助力国际商务活动成功的工具。在全球化时代，跨国企业的国际贸易、跨文化交流已经成为常态，因此，精通商务英语已经成为专业人士和企业走向成功的关键要素之一。

一、商务英语的概念

商务英语，最早由英语国家提出，被定义为在商务活动中应用的一种特殊英语变体，以满足商业活动需求。不同研究者对商务英语的概念和内涵进行了深入探讨，从不同角度指出了有关商务英语的维度和特点。

埃利斯和约翰逊指出，商务英语是专门用途英语的一个分支，是在商务环境中应用的英语，为从事商务的专业人士学习或应用的专门用途英语。

巴吉勒·切皮尼和尼切森分析了商务英语中语言与商务的密切关系，提出了商务英语的三个组成要素，认为商务英语是商务活动互动过程的产物，是可以定性分析和描述的。

我国学者张新红、李明指出，商务英语是一种社会功能变体，是专门用途英语的一个分支，它在商务场合中应用，所承载的是商务理论和实践等方面的信息。

翁凤翔认为，商务英语不仅指人们在从事国际商务活动中所使用的英语，还包括了国际商务领域所包括的学科理论的英语，如金融英语、物流英语等。

陈准民和王立非认为，商务英语是在经济全球化环境下，围绕贸易、投资开展的各类经济、公务和社会活动中所使用的语言，包括贸易、管理、金融、营销、旅游、新闻、法律等。

从以上各位专家学者的观点不难看出，商务英语的演进确实展现出其内涵已经远超出了最初的狭义定义，如今它代表了一种更广泛的、涵盖着商业领域的广泛概念。

第一，商务英语源自英语，但它已发展成英语的一种重要社会功能变体，被广泛应用于商务领域，以满足专业和跨文化交际需求。这强调了其在专门用途英语教学中的通用性，不仅仅局限于特定行业或领域。

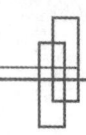

第二，商务英语不仅是一种语言，更是一种专门化的语言。它在商务交际中呈现出专门化的特点，包括特定的商务词汇、句法结构和文体。这种专门化有助于商务人员确保在商务环境中有效地传递信息，以及实现专业和领域特定的沟通。

第三，商务英语的专门化语言体现在商务交际中的价值、互动和评价。这涵盖了如何准确传达信息、建立商务关系，以及如何评估和回应信息。商务英语的专门性不仅仅在于其词汇和句法，还在于如何在特定的商务情境中运用语言来实现成功的沟通。

第四，商务英语与国际商务活动密切相关，其内容覆盖了与国际商务相关的各种领域，包括经济、管理、商法、政治、外交、媒体和社交。这反映了商务英语的广泛性，它在不同商务领域中都有应用，帮助人们处理跨领域的商务问题。

第五，商务英语是人们在国际商务活动中使用的交际语言，用于跨文化国际商务交流。它是帮助商务专业人士建立联系、促进合作，确保信息的准确传递以及推动跨文化商务活动顺利开展的工具。商务英语已演化为一个重要的概念，支撑着全球商务活动的交流和合作，为商务专业人士提供了必要的语言工具和技能。

二、商务英语的特点

商务英语，作为英语语言的一个显著社会功能变体，共享了英语语言的一般属性。由于商务英语独特的内在属性，即语言与商务内容的交叉内涵、专门用途英语的属性和商务沟通目的，它同时呈现出与其他语言类型截然不同的特殊特征。

（一）作为英语的一般语言特点

商务英语作为英语的一种变体，保留了英语的一般语言特点，同时在专业领域中进行了特定的调整和应用，以满足商务交际的需求。

1.商务英语的语言知识

商务英语的语法基本上与一般英语相同，包括句子结构、时态、语气等。然而，在商务英语中，语法要求更加严格，因为准确性和清晰度对商务交际至关重要。商务英语文档和合同通常遵循规范的语法结构，以减少歧义和误解。

商务英语拥有广泛的专业术语和商务词汇，这些词汇不同于一般英语中的常见词汇。商务领域中的专业术语涵盖了各种行业，包括金融、市场营销、国际贸易、管理和法律等。

2.商务英语的语言技能

商务英语的语音和发音通常与一般英语一致，但要求清晰明了，以确保有效的口头交流。语速和语调在商务英语中也非常重要，特别是在演讲、电话会议和商务谈判中。

商务英语的书面形式，如合同、报告和商业信函，遵循一定的书写和排版规范。商务文件通常要求格式清晰、结构合理、用词准确，以传达信息并遵循法律规定。

3.商务英语保留了语言的任意性、创造性和系统性

商务英语保留了语言的任意性和创造性，允许使用者根据具体的商务情境创造新的表

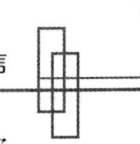

达方式和句子结构。尽管存在专业术语，商务英语使用者仍然可以自由表达，以满足特定的沟通需求。

商务英语是一个系统化的语言，其语法、词汇和句子结构都遵循一定的规则和原则。这种系统性有助于确保清晰、一致和可理解的交际活动的开展。

（二）跨学科性

商务英语的跨学科性是其独特之处，这一特性使其成为一门独立的学科。商务英语在本质上是普通英语与国际商务的混合体，通过融合语言学、商务学和跨文化交际领域的要素，以满足商务沟通的多样需求。

首先，商务英语继承了普通英语的语言学特性，包括语法、词汇、语音和语用学。这是商务英语的基础，因为清晰、准确的语言技能是任何语言交际的基础。然而，商务英语不仅仅停留在语言层面，它要延伸到商务学领域，就需要学习者掌握商务术语和商务交际的专业技能。其次，商务英语的跨学科性体现在与商务学的紧密联系上。商务英语用于传达商务信息、谈判交易、撰写商业报告等商务活动。学习者需要理解商务学的理论和实践知识，以在商务环境中有效地使用商务英语，包括市场分析、领导力、项目管理、金融知识等。最后，商务英语与经济学、法律学、国际关系、市场营销和金融学等多个学科领域交叉。它需要适应各个领域的专业术语和用法，以确保准确的沟通。商务英语的学习过程包括要了解不同领域的特定要求，从而提高商务人员在跨学科环境中的适应能力。

最重要的是，商务英语的跨学科性使其成为国际商务活动中不可或缺的工具。它帮助专业人士跨越不同领域的界限，促进知识传递和合作。因此，商务英语不仅仅是一门语言课程，它是一种综合性的学科，要求学习者掌握语言技能、商务背景和多个学科领域的专业知识，以应对不断发展的商务环境变化。这一跨学科性使商务英语有助于连接不同领域的专业人士，促进国际商务交际和合作的成功。

（三）专业性

商务英语的专业性是其核心特点之一，它强调在商务环境中使用特定的术语和词汇以有效传达信息和与同行进行专业交流。

1. 专业术语和词汇

商务英语包括大量的专业术语和词汇，这些词汇在商务活动中具有特定的含义和用法。这些词汇通常不常见于日常英语中，但在商务领域中被广泛使用。例如：

ROI（Return on Investment）：投资回报率，用于衡量投资的盈利能力。

B2B（Business-to-Business）：企业对企业，用于描述企业之间的交易和合作。

Market Segmentation：市场细分，用于将市场分成不同的细分市场，以更好地满足不同客户的需求。

2. 行业规则和标准

商务英语要求专业人士了解并遵守特定行业的规则和标准。这些规则可能涵盖从法律规定到专业行为准则的各个方面。例如，在金融领域，专业人士需要了解金融合规、证券

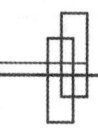

法规和投资行为准则。

3.行业特定的写作和交际风格

商务英语的书面和口头表达方式通常要符合特定的行业标准。不同领域内的商务活动有不同的写作风格。例如，在金融领域，商务信函和报告通常要遵循正式的书写格式和语言风格，以确保准确传达信息。

（四）目的性

商务英语在其本质上是一种工具，旨在支持国际商务活动的顺利进行。这种语言的使用是明确目的驱动的，因为从事商务活动人们的最终目标是完成交易，实现双赢。商务英语强调在国际商务环境下使用英语，以便有效地进行交流和达到商务目标。因此，商务英语的使用不是为了语言本身，而是为了完成特定的商务任务。商务英语的顺利运用直接影响着商务活动是否能够取得成功的结果。

1.交流功能性目的

商务英语的首要目的是作为一种工具，可以用于国际商务交流和沟通。它允许各种商务参与者跨越语言障碍，有效地传递信息、理解对方需求和建立联系。这种目的性使商务英语成为国际商务活动的桥梁，由此促进全球贸易和合作。

2.应用功能目的

商务英语可以应用于商业贸易领域内各个环节。它用于商务谈判、会议、报告、书信沟通等各种商务活动。不同商务环节需要不同的语言表达方式，以满足特定的商务需求。

3.信息传达目的

商务英语作为中介语言可以用于商业资讯和信息的传达，包括市场分析、销售数据、产品规格、竞争情报等的传递。商务英语的目的是确保这些信息以准确和清晰的方式传达，以支持决策制定。

4.文化交流目的

商务英语可以用于促进不同国家和文化背景的人员之间的商务理解和合作。在跨文化环境中，语言的选择和表达方式需要考虑到文化差异，以建立信任和共识。

5.服务功能目的

商务英语可以为国内外商业活动和服务提供语言工具，包括客户服务、问题解决、支持等方面的语言交际。商务英语的目的是满足客户需求，解决问题，并维护客户关系。

6.利益表达目的

商务英语可以在商业活动的表达和定价谈判中发挥重要作用。在商务谈判和交易中，语言的目的是明确表达各方的期望和利益，以达成协议。

7.规则操作目的

商务英语可以用于掌握和运用国际商业规则与标准。商务活动通常需要遵守特定的法律和规定，因此商务英语的目的是确保其合规性和规则遵守。

综上所述，商务英语的目的性使其成为国际商务活动中的不可或缺的工具。根据不同

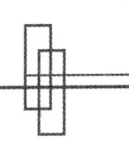

的商务情境和目标，人们可以灵活选择适当的语言表达方式，以满足特定的商务需求，从而促进商务活动的顺利开展。

（五）正式性

正式性在商务英语中至关重要，因为它有助于建立专业形象、确保商务活动的合规性，并可以增强沟通的信任度。

1. 遵守语法规则

在商务英语中，语法规则的准确遵守至关重要。例如，正确使用动词时态可以避免歧义。在合同或正式文件中，使用过去时来描述过去事件，使用现在时来表示现实状态或普遍情况，使用将来时来表示未来计划。例如：

The company has signed a contract with our supplier, and it will start delivering goods next month.

2. 词汇正式

商务英语中通常使用正式的词汇，以确保准确传达信息。避免使用口语化词汇或俚语。例如：

We kindly request your presence at the upcoming shareholders' meeting.

在例句中，使用"request"而不是更口语化的"ask"或"tell"，使用"shareholders meeting"表示具体的会议类型，而不是一般性的"meeting"都体现了商务英语的正式性，表明这是一个正式的邀请或要求，确保了邀请这个活动的正式性和专业性，从而有助于表达出公司的专业形象，并增强彼此的信任。

3. 使用礼貌用语

礼貌用语在商务英语中非常重要。使用适当的礼貌用语可以彰显尊重和专业素养。

We would like to express our sincere gratitude for your prompt attention to this matter.

在例句中，使用"sincere gratitude"是一种礼貌的用词，强调了感谢之情的诚意。

4. 格式规范

商务文件和信函通常遵循特定的格式，如信头、日期、收信人地址、正文和署名。格式规范的遵守有助于表达文件的清晰性和专业感。例如：

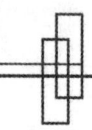
> ABC Corporation
>
> 123 Main Street
>
> City，State，ZIP Code
>
> Date：October 18，2023
>
> Mr. John Smith
>
> XYZ Enterprises
>
> 456 Oak Avenue
>
> City，State，ZIP Code
>
> Dear Mr. Smith，
>
> I am writing to discuss the upcoming business meeting scheduled for November 5th.
>
> ...
>
> Sincerely，
>
> Jim Green

这个例子展示了商务英语中的格式规范

信头（Letterhead）：公司名称"ABC Corporation"出现在文件的顶部，通常在信头上。这有助于标识发件人，确保专业形象。

发件人地址：公司地址"123 Main Street，City，State，ZIP Code"明确显示在信头下方，这是商务文件的标准格式，有助于接收方明确寄件人的联系信息。

日期（Date）：日期"Date：October 18，2023"通常出现在信头下方，显示了文件的编写日期，有助于确定文件的时效性。

收信人信息：收信人信息出现在信头之后，包括收信人的姓名"Mr. John Smith"、公司名称"XYZ Enterprises"和地址"456 Oak Avenue，City，State，ZIP Code"。这确保了文档直接送达正确的接收方。

称呼（Salutation）：信件以"Dear Mr. Smith，"开头，这是一种礼貌的称呼方式，以示尊重和专业性。

正文（Body）：正文以正式、清晰的方式展开，提供了具体的信息，这是商务文书的核心部分。

署名（Closing）：信函以"Sincerely，"结尾，然后留下空白以手写或打印您的姓名。这种署名方式是商务信函的通用标准，表现出尊重和专业性。

这个例子中的格式规范遵循了商务文件和信函的通用标准，确保了文件的清晰性和专业感，同时提供了清晰的发件人和收件人信息，以及明确的日期。这对商务英语表达的正

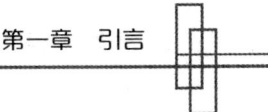

式性至关重要。

5. 用词准确性

商务英语要求非常精确。错误或模棱两可的表达可能导致严重后果，如合同纠纷或误导性信息的传递。商务英语的精确性是确保商务交流顺利进行的关键。避免使用模糊或多义词汇，以免引起误解。确保用词准确，特别是在法律文件或合同中。例如：

The parties hereto agree to the terms and conditions outlined in Section 2 of the contract.

在例句使用"the parties hereto"表示合同中的各方，这是一种在法律文件中常见且准确的术语。它明确表示了参与方的身份。使用"agree"表示同意，这是一个清晰的、准确的用词，没有歧义。通过明确提及合同的"Section 2"来确保准确性，以避免歧义。

总之，这些特点使商务英语成为商务交际中的不可或缺的工具，有助于达成与实现有效的商务合作和交流。

三、商务英语的重要性

商务英语在商业和贸易领域的应用非常广泛，无论是在企业内部还是与客户、供应商和合作伙伴之间，它都发挥着重要作用。

（一）推动国际贸易发展

英语已经成为国际商务活动的主要语言，因此，掌握商务英语不仅是一项有价值的技能，还是加强国际贸易人员之间联系的强有力工具。

首先，商务英语有助于更加顺畅地进行国际贸易往来。在国际贸易中，涉及大量的文件、合同、通信和谈判，这些都需要准确、清晰的语言表达。英语作为国际商务活动使用的通用语言，使各方能够避免语言沟通的障碍，促进了合同的谈判和履行。从商务谈判到货物装运，商务英语为各种交易环节提供了重要的语言支持。其次，商务英语有助于各国经济与世界经济的联系。国际贸易是国家经济的重要组成部分，对国家的繁荣和发展至关重要。掌握商务英语的个人和企业能够更容易与国际市场接轨，开拓新的市场，拓展贸易伙伴关系，从而为国家的经济发展做出贡献。国际贸易不仅能够带来经济收入，还可以促进技术传输和文化交流，加强本国与其他国家的联系。最后，商务英语有助于促进国际贸易的发展。当企业和个人能够在国际市场上自信地交流和合作时，国际贸易将会更加活跃和繁荣。这不仅有助于增加贸易量，还有助于扩大市场，提高竞争力，促进创新和经济增长。商务英语的普及和应用有望加速国际贸易的发展，从而带动全球经济的增长。

商务英语在推动国际贸易的发展方面发挥着不可或缺的作用。它不仅简化了国际贸易活动中的语言沟通程序，还促进了本国与世界经济的联系，有助于推动国际贸易的繁荣和发展。因此，对个人和企业来说，掌握商务英语是参与全球商务活动和促进国际贸易发展的前提。

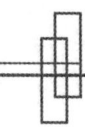

（二）提高企业国际化进程

在当今全球化的经济环境中，企业的国际化经营已经成为一种常态。企业员工的商务英语水平对企业的国际化进程至关重要，它可以在多个方面帮助企业取得成功。

国际市场通常需要跨文化沟通和合作，而英语作为国际商务活动使用的通用语言，为企业提供了与潜在客户和合作伙伴进行初步接触与洽谈的机会。通过流利的商务英语，商务人员能够更轻松地与国际市场的各种相关方进行有效的沟通，了解市场需求，制定市场策略，并拓展客户群。

商务英语能力有助于与外国客户建立有效的交流机制。企业在国际化的过程中，与外国客户的合作变得日益常见，而这通常需要使用英语进行沟通。良好的商务英语表达能力使企业能够建立良好的客户关系，增强客户满意度，并有助于解决潜在的文化和语言问题。这种有效的沟通有助于建立信任，提高客户的忠诚度，从而促进销售和成功合作。另外，商务英语还对企业参与国际供应链和全球价值链非常关键。在国际供应链中，企业需要与供应商、承运商和合作伙伴进行协调和合作。商务英语能力使企业能够参与全球供应链，并确保生产和物流的顺利进行。这有助于提高效率，降低成本，并在国际市场上保持竞争力。

（三）增强个人的就业竞争力

商务英语对个人就业竞争力的提升有着显著的影响。首先，当今的全球化经济中，许多职位涉及与国际市场、国际客户以及全球供应链的互动。在这些背景下，掌握商务英语成为一个必备技能。拥有商务英语能力的求职者更容易进入外贸公司、合资企业、国际公司等机构，从而扩大他们的职业选择范围。

商务英语能力不仅仅是一个附加的技能，它还使个人在求职过程中脱颖而出。雇主通常要寻求那些具备跨文化沟通和合作技能的候选人。商务英语的掌握证明了求职者有能力与不同国际背景的同事、客户和合作伙伴进行高效的交流，这种能力在竞争激烈的职场中非常有吸引力。另外，商务英语还与求职者薪资水平直接相关。拥有商务英语技能的个人通常能够赢得更高的薪资和更有竞争力的薪酬待遇，因为他们可以胜任更具挑战性和高薪的职位，而这些职位通常需要面向国际市场的工作和与国际客户的互动。

对追求国际职业发展的个人来说，商务英语是一个不可或缺的工具。这项技能可以为他们在跨国公司工作积累跨文化经验，拓展国际业务提供机会。此外，商务英语还可以使个人有可能跨足不同行业，从事多种工作，如国际市场营销、跨国咨询、翻译等，由此进一步丰富他们的职业选择。

（四）促进跨文化交流

商务英语的掌握在促进跨文化交流方面发挥着重要作用。语言是文化的载体，而商务英语作为国际商务交流的主要语言，有助于消除文化差异带来的障碍，实现有效的跨文化商务交流。

商务英语作为国际商务的通用语言，使人们能够跨越国界进行有效的沟通。这有助于

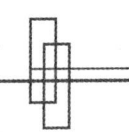

商务活动参与双方建立相互的信任和理解，不仅可以促进商务交易的顺利进行，也有助于打破文化隔阂，增进国际合作。商务英语培训通常包括跨文化交流的内容。学习商务英语的人通常会接触到不同国家的商务习惯、礼仪和价值观。这有助于提高他们对不同文化的敏感性和理解力，减少误解和冲突，从而促进跨文化合作。通过商务英语，人们可以更好地了解不同国家和地区的市场需求和文化差异。这有助于企业更好地制定市场战略，适应不同文化的需求，提高产品和服务的市场适应性。

最重要的是，商务英语可以帮助人们建立更广泛的国际网络。在国际商务领域，建立良好的人际关系非常重要。掌握商务英语使人们能够与来自不同国家和文化背景的商业伙伴建立联系，拓展人际网络，为把握未来的商务机会奠定基础。

第二节　商务英语教学的理论基础

商务英语教学的理论基础涵盖了多种语言学理论和教育理论，这些理论为教师提供了宝贵的指导，帮助他们更有效地开展商务英语教学。本节将探讨商务英语教学的理论，包括语言学理论，ESP（英语为特殊目的）理论，建构主义理论以及人本主义理论。通过对这些理论的深入研究，可以更好地理解商务英语教学的本质，并为学习者提供更有效的教育体验。

一、语言学理论

（一）认知语言学理论

认知语言学理论是一种重要的语言学理论，强调了学习者的思维和认知过程在语言习得与使用中的核心作用。在认知语言学理论中，认知是学习语言的关键。学习者通过认知功能，如思维、解决问题、记忆和推理，积累和理解语言知识。这一理论认为，语言习得是知识的建构过程，学习者逐渐形成有关语法、词汇和语义的知识网络。

认知语言学理论强调语言的创造性和灵活性。认知语言学理论认为，语言使用者能够创造新的语言表达方式，而不仅仅是被动地复制模型。这反映了语言的复杂性，因为学习者可以根据不同情境和目的灵活运用语言。同时，这也引发了对语言的语义和语用学的研究，以理解言语行为和意义构建的过程。

代表认知语言学理论的研究者包括诺姆·乔姆斯基和史蒂芬·平克。乔姆斯基的工作强调了语法结构的重要性，提出了生成文法的概念，使其成为认知语言学理论的基石。史蒂芬·平克提出了"语言本能"的概念，强调了语言习得是人类天生的认知能力。

在教育领域，认知语言学理论的观点产生了深远的影响。教育者借鉴认知语言学理论的思想，采用启发式教学、任务型教学和认知策略，以更好地满足学生的语言学习需求。

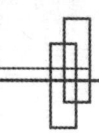

这一理论提供了深刻见解，有助于我们理解语言的习得和使用，为语言教育和语言研究提供了坚实的理论基础。

在商务英语教学中运用认知语言学理论可以为学生提供更加深入和全面的语言习得体验，培养其认知能力和学习策略，有助于其更有效地掌握商务英语。

1.注重学习过程，帮助学生建构商务英语知识体系

在认知语言学理论的框架下，教师可以关注学生在学习过程中的思维和知识建构。教学应强调理解商务英语中的语法、词汇和语义，以帮助学生构建稳固的知识体系。这可以通过分析商务文本、讨论案例研究和解决实际问题来实现，鼓励学生积极参与知识的建构过程。

2.分析商务语言中的概念隐喻，帮助学生深入理解

商务英语通常包含各种隐喻和比喻，这些概念性的语言结构需要学生理解和运用。教师可以引导学生分析商务文本中的隐喻，帮助他们更深入地理解并正确运用这些概念。例如，通过探讨"市场是战场"这一隐喻，学生可以更好地理解市场竞争的本质。

3.结合商务情景，培养学生的语言意识

商务英语的应用与特定的商务情景紧密相关。教学应该将语言学习与实际商务场景相结合，帮助学生培养语言意识。这可以通过角色扮演、模拟商务会话、商务案例研究等活动来实现，使学生更好地理解语言在不同情景中的应用。

4.训练学生的语言分析能力，帮助学生掌握获取信息的技巧

商务领域需要学生具备出色的语言分析能力和信息获取技巧。在商务英语教学中，教师可以培养学生的语言分析技能，如分辨关键信息、理解复杂句子结构、推断含义等。这可以通过分析商务文件、撰写商务报告、参与商务会议等任务来实现，鼓励学生主动运用这些技巧。

（二）社会语言学理论

社会语言学理论强调了社会因素对语言习得和使用的深刻影响，将语言视为社会互动的产物。这一理论认为，语言的使用不仅仅是关于沟通，还包括文化、社会背景和社会地位等因素。社会语言学理论深入研究了语言差异，包括方言和社会方言，以了解不同社会群体如何运用语言来反映其文化身份和社会地位。

在不同的社会情境中，语言的含义和使用方式会发生变化，这需要学习者具备适应不同社会情境的语言技能。这一理论强调了语言习得是通过社会互动实现的，如儿童通过与家庭成员、同龄人和其他社会成员的交往来学习语言。此外，社会语言学理论也关注了语言如何影响社会认同，个体通过语言表达自己的社会身份，建立与特定社会群体的联系。

教育领域受益于社会语言学理论，因为它强调了语言教育政策需要考虑学生的社会文化背景，以确保教育的公平性。社会语言学的研究有助于改进教学方法，以更好地满足不同社会群体的语言学习需求。总的来说，社会语言学理论可以帮助我们更好地理解语言的社会性和多样性，以及语言在社会中的重要作用。

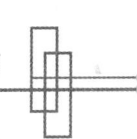

在商务英语教学中运用社会语言学理论可以帮助学生更好地理解语言使用的社会属性和文化差异，从而提高他们的跨文化意识和商务交际能力。

1.设计不同的社会商务语言环境场景，提高学生商务交际能力

教师可以模拟各种商务场景，如会议、谈判、社交活动等，让学生在不同的社会语言环境中练习和应用商务英语。通过角色扮演和模拟情景，学生能够提高商务交际技能，学会在各种情景下自信地使用语言。

2.传授不同文化背景下的商务礼仪规范

商务英语教学应包括文化差异和商务礼仪的教育。学生需要了解不同国家和文化中的商务礼仪规范，以避免交际失误和尊重他人的文化差异。这包括如何拜访客户、交换名片、开会礼仪等方面的教育。

3.分析不同文化对商业词汇的理解区别

商务英语中的商业词汇和术语在不同文化背景下可能有不同的理解。教师可以帮助学生分析这些差异，通过具体示例使学生明白特定词汇在不同文化中可能具有不同的含义或强调内容。这将有助于避免产生误解和提高跨文化交际的准确性。

4.培养学生的跨文化商务交际意识

学生应该被鼓励发展跨文化商务交际意识，即了解并尊重不同文化的差异，并学会适应文化的多样性。这种意识包括对文化差异的敏感性，以及如何应对跨文化挑战和建立积极的商务关系。

（三）交际语言学理论

交际语言学理论强调语言的主要目的是为了实现交际和互动。这一理论关注言语行为和背后的交际规则，将语言视为一种工具，用于合作、传达信息、建立关系和实现特定交际目标。言语行为的种类，如陈述、请求、承诺等，以及这些行为的背后的规则，如合作性、恰当性和合适性原则，都在交际语言学的研究中扮演着重要角色。

在教育领域，交际语言学理论为语言教学提供了有益的理论支撑。教育者可以通过强调言语行为的类型和交际规则来帮助学生更好地理解与运用语言。这有助于学生培养更强的交际能力，使他们能够更自信地与他人进行言语互动，无论是在学术、职业还是社交场合。

此外，跨文化交际也受益于交际语言学理论。理解不同文化中的交际差异和共同原则对有效的跨文化交际至关重要。这一理论强调文化背景和社会背景对言语行为的影响，有助于减少跨文化交际中的误解和冲突。

交际语言学理论为商务英语教学提供了重要的启示，因为商务英语的主要目标是实现有效的交际和沟通。

第一，强调交际能力的培养。交际语言学理论鼓励教师注重培养学生的交际能力。在商务英语教学中，这意味着布置真实的语言交际任务，如模拟商务会议、电话谈判、邮件沟通等。学生需要积极参与这些任务，以提高他们的实际交际技能。

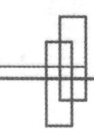

第二，重视训练商务口语交流能力。商务英语中口语交流尤为重要，因此交际语言学理论鼓励教师设计口语训练课程。学生应该有机会练习商务电话交谈、面对面会议、演讲和陈述等口头交际技能，以便在实际工作中更自信和有效地交流。

第三，使用交际方法培养商务谈判技巧。商务谈判是商务英语的一个重要领域，交际语言学理论提倡使用角色扮演等交际方法来培养学生的商务谈判技巧。通过模拟真实商务情景，学生可以练习商务谈判技巧，包括谈判策略、谈判用语和沟通技巧。

第四，分析不同商务语言环境下的语言交际规律。商务英语涵盖了多个领域，如销售、市场营销、金融、国际贸易等，每个领域都有其特定的语言交际规律。交际语言学理论鼓励教师和学生深入研究不同商务语言环境下的语言使用规范及约定。这有助于学生更好地理解和适应特定商务领域的语言要求。

二、ESP 理论

专门用途英语（ESP）是英语教育领域中的一种教学方法，其核心在于将英语教学与特定的目的和领域密切结合，以满足学习者在特定专业、行业或情境中的特定语言需求。随着全球化进程的推进，英语作为国际交流的通用语言变得尤为重要，而 ESP 则成为应对这一需求的重要手段。ESP，全称为"English for Specific Purposes"，直译为"为特定目的的英语"，它强调英语的应用是有明确目的的，而这个目的通常涉及学习者所从事的特定领域。与一般性的英语学习相比，ESP 的重点在于满足学习者在工作、学术或专业领域中的特定语言需求，这包括但不限于商务交流、医学报道、工程项目管理等实际应用场景。

ESP 的教学方法和内容具有一些显著特点。首先，它注重特定目的，即满足学习者在特定领域或情境中的语言需求，如商务英语或医学英语。其次，ESP 课程和教材常常根据学习者的需求和背景进行定制，以确保其能够应对特定领域的语言要求。此外，ESP 学习者的多样性也是其特点之一，学习者可能包括成年人、大学生、在职专业人士等，因此教学方法需要适应不同类型的学习者。在 ESP 课程设计中，需求分析是至关重要的一步。这包括收集和评估学习者的语言需求，以便确定要教授的内容和教材。最后，ESP 强调在真实的情景中使用英语，以帮助学习者更好地应对特定领域的语言需求。这意味着教学通常涉及商务谈判、商业会议、报告撰写等实际场景的模拟，以使学习者能够更有效地运用所学知识。综上所述，ESP 作为一种针对特定领域和目的的英语教学方法，为学习者提供更贴近实际应用的语言学习体验，以满足其特定领域的语言交际需求。

商务英语是一种专门用途英语，旨在培养学习者在商业环境中有效运用英语进行沟通和交流的能力，包括商务会话、商务写作、商业谈判、市场营销、财务报告等各个方面的英语技能。其主要目标是使学习者能够在商业领域成功地应对各种情景和任务，为他们的职业生涯发展提供语言支持。商务英语作为专门用途英语的一种，具有以下特点：

第一，专门性：商务英语着重商业和经济领域的专门用途，学习者需要掌握特定领域

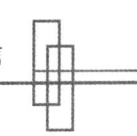

的商业术语、惯例和文化，以有效地与商业伙伴、客户交流。

第二，实用性：商务英语注重实际应用，学习者需要掌握在商业环境中常见的语言技能，如撰写商业邮件、制订商业计划、进行销售演示等。

第三，沟通能力：商务英语强调口头和书面沟通的能力，包括会议演讲、电话谈判、商务报告和商务信函等。

第四，国际化：随着全球化的发展，商务英语的范畴不仅局限于国内商务，还包括国际商务，学习者需要掌握国际商务交流的技能，如国际贸易、跨文化交际等。

ESP 理论为高校商务英语教学提供了重要的指导原则，这些原则在提高学习者的语言技能和职业竞争力方面具有深远的意义。

首先，ESP 理论强调个性化教育，这意味着商务英语教学应该根据学习者的具体需求进行定制。在高校商务英语教学中，了解学生的背景和职业目标非常关键。教师可以通过详细的需求分析来确定学生需要的语言技能和知识，然后根据这些需求制订个性化的教学计划。这可以确保学生获得与他们未来职业发展相关的实际技能，使他们更有竞争力。

其次，ESP 理论强调实际应用，商务英语教学应该着眼于学习者在商业环境中的实际应用能力。高校可以采用案例研究、角色扮演和商业模拟等教学方法，以帮助学生在真实的商业情景中练习和应用所学的语言技能。这种实际应用有助于学生更好地适应未来的职业要求。

再次，ESP 理论鼓励定制化的教材和课程设计。高校可以根据学生的需求和背景，开发和选择与商务英语相关的教材，包括商业文档、行业报告和商务通信等真实材料。这样的教材可以使学生更好地理解并适应商业领域的语言要求。

最后，ESP 理论认为，在特定领域的专业知识对学习者掌握相关领域的英语至关重要。在高校商务英语教学中，学生不仅需要学习商务用语和表达方式，还需要了解商业领域的专业知识，如金融、市场营销、国际贸易等。因此，高校可以整合专业知识和语言教育，以帮助学生更好地理解他们未来职业领域的内容。

三、建构主义理论

建构主义理论是一种教育心理学和认知科学领域的教育理论，强调个体通过建构（构建）知识和理解世界的过程来学习。该理论的核心观点是，学习者通过主动探索、解决问题并与他人互动，以构建对现实世界的理解和知识。

在建构主义的教学观中，教师被视为学习的引导者和支持者，而不仅仅是知识的传授者。教师的角色是创建一个有益的学习环境，激发学生的好奇心和提高其思考能力，培养他们的学习动机和积极参与热情。教师鼓励学生提出问题、探索和发现，而不仅仅是了解事实和知识的表面。教师提供支持和指导，帮助学生在学习过程中建构自己的知识和理解。

建构主义的学习观认为学习是一个主动的、个体化的过程。学习者通过与环境和他人

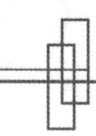

的互动，建构新的知识和理解。学习者在探索和实践中构建自己的概念与意义，将新的经验与已有的知识框架进行对话和整合。学习的重点是学生的思维活动和知识的建构过程，而不仅仅是知识的传输和接收。在建构主义的学习观下，学生被视为积极主体，具有自主性和独立思考的能力。他们被鼓励参与问题解决和合作学习活动，通过交流和合作与他人共享与建构知识。学生的背景、经验和先前知识被视为学习过程中的重要资源，他们的个体差异和多样性被认为是促进共同建构的有益因素。

建构主义理论为商务英语教学提供了重要的启示，有助于创造更富有成效和参与度高的学习环境。

首先，建构主义理论认为学生应该是知识的主动建构者。在商务英语教学中，教师可以鼓励学生积极参与，提出问题，探索和解决问题，而不仅仅是被动地接收信息。这可以通过启发性问题、研究任务和项目来实现，从而激发学生主动建构商务英语知识的兴趣。

其次，建构主义理论强调社会互动对知识建构的重要性。在商务英语教学中，可以设计小组讨论、合作项目和角色扮演活动，以促进学生之间的互动学习。通过与同学合作，学生可以分享观点、经验和商务情景的模拟，从中获得新的见解和知识。

再次，建构主义理论认为学习是与个体的经验和背景有机结合的过程。在商务英语教学中，教师可以重视学生的原有经验，鼓励他们将新学到的知识和技能内化于原有的认知结构中。这可以通过与学生的实际工作经验、商务背景和职业目标相联系来实现。

最后，建构主义理论鼓励学生将知识应用于实际情景中。在商务英语教学中，可以设计情景对话、角色扮演和商务案例分析等活动，使学生能够主动构建语言技能并在真实商务情景中应用所学的知识。这有助于培养学生的实际应用能力，使他们更好地适应商务职业工作的要求。

四、人本主义理论

人本主义理论是一种心理学和教育学的理论范式，强调个体的自我实现、自我价值和自我潜能的发展。其核心理念是人类是积极主动的、自主的和有目的的存在，每个个体都有追求成长、实现自身潜能和追求幸福的内在动机。人本主义理论在教育领域强调尊重学生的个性，注重情感因素和情感体验对学习的影响。

1.人本主义理论强调个体的自我实现和自我认知

每个个体都有追求成长和实现自身潜能的内在动机，而教育应该以学生的需求和兴趣为中心。在教育实践中，人本主义倡导创设支持学生发展的积极、尊重和支持性的学习环境，以帮助学生实现自我价值感和自我潜能的发展。

2.人本主义强调教育的目标是培养学生的个性和全面发展

教育者应该关注学生的情感需求和情感成长，鼓励学生表达自己的情感，培养积极的情感态度，并尊重每个学生独特的个性特点。在教育实践中，注重学生的情感体验和情感交流，有助于建立积极的师生关系和促进学生的全面发展。

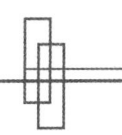

3. 人本主义理论强调学生的自主性和主动性

学生应该参与决策过程，发挥自己的主动性，并承担自己学习的责任。教育者应该提供支持和指导，而不是简单地传授知识，以帮助学生建立自信心和自主性，培养他们的学习动机和学习兴趣。

4. 人本主义理论强调学习的社会性和人际关系

社会环境对个体的发展具有重要影响，学生的学习成就和情感成长受到家庭、社会和校园环境的影响。教育者应该营造良好的人际关系氛围，尊重学生的多样性和个性差异，鼓励学生之间的合作学习和互助支持，以促进学生全面发展和成长。

在商务英语教学中运用人本主义理论可以帮助教师更好地满足学生的需求，促进他们的学习和发展。

第一，人本主义理论强调学生的主体性和独立性。在商务英语教学中，教师应尊重学生的个体差异，充分考虑他们的需求和兴趣。教师可以通过调查问卷、个别谈话或小组讨论等方式了解学生的学习目标、兴趣和学习风格，并根据这些信息设计教学活动和课程内容，使学习更加具有针对性和吸引力。

第二，人本主义理论认为情感体验对学生的学习和发展至关重要。在商务英语教学中，教师可以创设友善和支持性的学习环境，鼓励学生表达自己的看法和感受。教师可以采用开放性的讨论和合作学习活动，让学生有机会分享自己的观点和经验，从而增强学生的自信心和积极性。

第三，人本主义理论强调学生的主体性和创造性。在商务英语教学中，教师应鼓励学生主动参与学习过程，培养他们的学习动机和自主学习能力。教师可以采用启发式教学法，提供开放性的问题和案例，激发学生的思考和探索。此外，教师还可以组织小组讨论、角色扮演和项目学习等活动，鼓励学生积极合作和共同建构知识。

第四，人本主义理论强调师生之间的平等和民主交流。在商务英语教学中，教师应鼓励学生与其他学生进行积极的交流和互动。教师可以采用问答、讨论和辩论等形式，鼓励学生表达自己的观点和提出问题。同时，教师应倾听学生的意见和反馈，及时调整教学方法和内容，帮助学生实现自我实现和发展。

总之，在商务英语教学中运用人本主义理论可以提供一个关注学生需求和情感体验的学习环境，激发学生的学习动机和主动性，促进学生个体的发展和自我实现。教师在教学过程中起到引导者和支持者的角色，与学生共同构建知识体系。这种教学方法可以增强学生的学习兴趣和参与度，增强他们的学习效果和提高其应用能力。

第三节　商务英语教学的发展历程

语言是随着社会的演进而不断发展的。商务英语，作为专门用途英语的一个分支，有其独特的历史渊源。在第二次世界大战结束后，全球进入了一段前所未有的科技和经济高速发展时期。此后，美国迅速崛起，成为全球科技和经济的领导者，其官方语言英语也因此成为国际科技和商务交流的主要工具。这一时期的社会环境为专门用途英语的兴起创造了条件。

20世纪下半叶，英语教育经历了一场革命，反映在学习英语的观念和目的的变化，以及课程设置和教学内容的革新。这一变革推动了专门用途英语的兴起。在欧美等西方国家，科技英语首先崭露头角，成为专门用途英语的翘楚。商务英语的兴起则稍晚，大约在20世纪80年代才逐渐受到重视。至今，全球范围内的学生每年都积极参与英国剑桥商务英语（BEC）考试和美国普林斯顿考试中心的国际交际英语（TDEC）考试，从一个侧面反映出商务英语的热度一直居高不下。

在我国，商务英语学科的兴起和发展紧密关联着中国的近现代历史。中国的经济改革开放政策使得商务英语学科具有了时代特色，并逐渐形成了适应中国国情的商务英语教育模式。商务英语学科在中国具有重要地位，在满足了在国际商务领域不断增长的需求的同时反映了中国在全球化背景下的独特贡献。下面就对我国商务英语教学的发展历程进行详细阐述。

一、早期的商务英语教学

商务英语作为一门专门用途英语，其历史起源可以追溯到中国的国际贸易活动的早期阶段，尤其是在明清时期。早在汉代的丝绸之路时期，中国与中亚、东亚、欧洲的商贸交流逐渐频繁，而在明清时期，随着国际贸易的迅速发展，商务英语作为一种交际工具正式发挥着其作用。特别是在17世纪后期，随着英国资产阶级革命的兴起以及其海外商业贸易活动的增加，商务英语在中国的商业交往中扮演了重要角色。当时，商务英语的特点是以当地语言为基础，融合了大量的英语词汇，这种交际语言被称为"洋径浜英语"（pidgin English）。记录显示，中国旧上海央行的工作人员曾使用"洋径浜英语"与外国商人进行简单的交流，这反映了中国商务英语历史的发展脉络。

进入1840年以后，随着现代商务英语功能的进一步强化，商务英语主要应用于商品买卖领域。与此同时，中国的通商口岸逐渐使用商务英语进行沟通，海关作为其中的重要

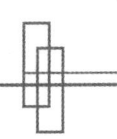

环节，也使用商务英语开展交流。同时，中国的洋务运动推动了商务英语教学的转型，为商务英语的发展提供了人才支持。

二、新中国成立以后的商务英语教学发展

1949 年后的中国商务英语教学发展进入了当代时期，成为国际贸易中主要的交流语言。在教育领域，商务贸易教学逐渐兴起。早在 1950 年初期，中国就成立了第一所专门培养贸易人才的高等院校——北京对外贸易学院。"外贸函电"作为重要课程被各公司和院校广泛使用，至今仍在不断改编和完善，为培养国内国际贸易人才发挥着重要作用。

1978 年后，中国对外贸易体制开始转型，为适应新形势，过去的"贸易英语"逐步演变为现代的"商务英语"。除了国际贸易英语、进出口业务、函电英语等传统课程，还涌现出新的课程内容，如国际营销英语、国际经济英语和国际金融英语等。随着外资企业数量的增加，对高素质商务英语人才的需求也日益增长，培养复合型商务贸易人才成为现代商务贸易学科的目标，商务英语相关学科开始在大专职业院校和贸易财经院校设立。这一阶段的发展使得中国商务英语教育更加紧密地结合国际贸易的现实需求，为中国参与国际贸易提供了有力的语言支持和人才保障。

自 20 世纪 70 年代末开始，中国实施对外开放政策，逐渐发展社会主义市场经济。这时，英语专业的学生不再仅仅需要掌握英语语言，还需要深入学习商务知识。因此，大学开始引入相关商务课程，如国际营销、企业管理、国际贸易、国际经济合作等。这些课程的目标是将商务知识和语言技能有机结合，让学生在学习语言的同时能获得实用的商务知识。

改革开放政策的实施使中国对外贸易水平得到了极大提升，为满足对外交流的需要，部分高校在 20 世纪 80 年代开始开设了英语专业课程，如经济英语和商务英语，虽然规模较小。随着中国融入国际贸易的趋势日益明显，高校英语教学开始更加注重培养学生的实用应用能力。20 世纪 90 年代，随着中国加入世界贸易组织（WTO），对商务英语人才的需求急剧增长，许多高校开始独立设置商务英语课程，并引进国外的教材和教学方法。2007 年，教育部批准对外经济贸易大学设立了中国的第一个商务英语本科专业。这标志着商务英语在中国高等教育中获得了独立学科地位。随后，广东外语外贸大学和上海对外贸易学院也获准开设了商务英语本科专业。之后的十多年里，许多高校的英语专业逐渐转向商务英语方向，教师们在商务英语领域取得了显著的研究成果，学生也纷纷报考商务英语专业。商务英语的研究会议也逐渐增多。

进入 21 世纪后，商务英语教学正式进入了发展期。高校开始与企业联合培养应用型商务英语人才，这种合作模式使学生能够更好地融入实际工作环境。此外，商务英语也开始渗透到中小学和职业院校的教学中，为学生提供更早接触国际商务的机会。

商务英语教学模式也在不断优化。例如，"双师范"教师队伍建设的推进使得商务英语教师队伍更加专业化，案例教学法的运用让学生更好地理解实际商务案例，提升解决问

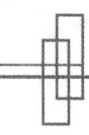

题的能力，商务项目实践则帮助学生将理论知识应用到实际项目中去，增强实践操作能力。这些方法的应用大力弘扬了商务英语的实用精神。

如今，商务英语教学已经遍布全国各地的各类高校与培训机构，并且与国际标准接轨。它在促进国际交流与合作方面发挥着重要作用，为中国企业和专业人士参与国际贸易与合作提供了语言支持和人才储备。

三、商务英语教学的发展趋势

在当今国际社会，随着各国政治、经济和文化的不断发展，人们意识到国际贸易合作更多地强调互利互惠和共同发展。在这一过程中，英语作为主要的语言交流工具和信息传递媒介变得至关重要。商务英语作为国际交流和沟通的"通用语言"将在未来发挥越来越重要的作用。特别是在当今全球网络贸易时代，以商务英语为表现形式的贸易资源将占据全球网络贸易资源的绝大部分。商务英语作为新兴事物具有强大的生命力，这将是其未来发展的重要趋势。

尽管商务英语发展前景广阔，但它必须在积累和发展过程中实现质的飞跃。随着国际化进程和科技的快速演进，全球经济将面临更多挑战，国际贸易活动将变得更加复杂，多边谈判将成为主流。因此，商务英语的应用将变得日益广泛，高素质商务英语人才的需求也将急剧增加。高水平商务英语人才欠缺已经成为制约我国对外贸易发展的因素。因此，全球化发展背景为商务英语教学既提供了机会，也带来了挑战。

目前，我国商务英语课程仍然存在很多问题，包括课程体系不够完善、传统教学方式限制了学生能力的提高以及商务英语课程设置的不足。在未来，高水平商务英语人才的培养将成为主要目标，因此，我们需要改革商务英语课程，改进教学手段和方法，以适应不断变化的需求，具体说来，商务英语教学的发展呈现出以下趋势。

（一）现代技术的融合

现代技术在商务英语教学中的融合已成为一种不可或缺的趋势。随着科技的快速发展，教师和学生都能够受益于数字化教学平台、在线资源和各种教学工具。这种融合使得商务英语教学变得更加灵活、便捷和丰富多彩。

教师可以利用多媒体投影仪、电子白板等设备展示图表、案例、实景影像等丰富的内容，帮助学生更直观地理解商务英语的概念和实践应用。学生可以通过网络访问丰富的商务英语学习资源，如在线课件、教学视频、商业案例分析以及专业期刊等。此外，学习管理系统使教师能够更好地组织课程内容、作业和考试，有效跟踪学生的学习进度并提供及时反馈。各种语言学习工具和应用软件，如语音识别软件、在线语法纠错工具以及商务英语词汇应用软件等，可以帮助学生提高语言技能和专业词汇量，使他们更好地适应商务领域的语言需求。通过远程视频会议等技术手段，学生可以与全球各地的商务英语专家、企业人士或其他学习者进行实时交流和讨论，拓宽视野、增加国际化交流经验，提高跨文化交际能力。

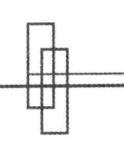

综上所述，现代技术的融合不仅提升了商务英语教学的效率和质量，而且为学生提供了更多元化、便捷化的学习方式，有助于他们更好地应对商务领域的挑战和机遇。

（二）以实践为导向

商务英语作为应用型专业，其目标在于培养学生能够在商业环境中灵活运用所学知识和技能。因此，将理论知识与实践能力的结合成为教学的重点。同时全球化背景下的经济发展对商务英语教学提出了更高要求，企业对掌握商务英语能力的员工需求日益增加。这使得商务英语教育更加关注学生的实际应用能力，培养学生沟通交流和解决问题的能力。另外，建构主义学习理论的影响也促使教育界重视将知识与实践相结合。这种理论认为知识是通过实际经验和互动构建的，因此商务英语教学需要通过实践活动来帮助学生深入理解和掌握所学知识。教育领域的改革不断强调实践教学的重要性，通过实际操作来促进深化学习。这种方法能够激发学生的学习动机，使其更加积极主动地参与到学习过程中。通过实际应用和实践任务，学生不仅能够检验理论学习成果，而且能获得宝贵的实践经验，为其将来的职业发展打下坚实基础。与此同时，产业与教育界的合作推动了实践向教学的发展，为学生提供了更多在实际商务环境中的学习机会，有利于其更好地适应未来工作挑战。

（三）跨文化教学

随着全球化进程的不断推进，企业在国际贸易中越来越频繁地与不同文化背景的伙伴进行合作。这使得商务英语教学不仅仅关注语言能力的培养，更需要学生具备跨文化交际的能力。学习者需要了解不同文化背景下的商业礼仪、沟通方式以及商务实践，以应对跨国商务交流中的文化差异挑战。通过跨文化教学，学生可以了解并尊重不同文化间的差异，学习如何在不同文化背景下有效沟通和合作，从而有效减少在跨文化交流中的误解和摩擦。因此，商务英语教学应注重培养学生的文化敏感性和多元文化交际能力，帮助他们在全球商业环境中更加灵活自如地应对在各种文化背景下的商务交流挑战。

（四）个性化学习

商务英语教育正朝着更加个性化的学习方式发展。这一趋势反映了教育界日益重视学生的个体差异，致力于满足不同学生的独特需求。个性化学习意味着将学生的兴趣、学习风格和学术水平纳入课程设计与教学方法中，以确保他们更加有效地学习和应用商务英语知识。

在这个趋势下，教师越来越注重识别和理解每位学生的需求，为他们提供量身定制的教育方案。这可能包括为学生提供个性化的学习资料、灵活的学习进度和不同水平学习的任务。通过采用多样的教学方法，如小组讨论、项目学习和在线学习资源，学生有机会选择最适合他们的学习方式。

个性化学习还可以提高学生的参与度和学术成就，因为他们更有动力投入满足自己学术目标的学习中。这一趋势不仅使商务英语教育更具吸引力，还有助于更好地满足不同学

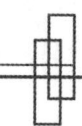

生的需求，为他们提供更加灵活和实际的教育体验。因此，个性化学习已成为商务英语教学的一个重要发展趋势，有助于培养更具竞争力的商务英语专业人才。

（五）融入行业需求

商务英语教学正在逐渐融入行业需求，以更好地满足市场对高素质商务英语人才的需求。随着全球商业环境的日益复杂化，学校与企业之间的合作关系变得更加紧密，商务英语教学也越来越注重培养学生在实际工作中所需的技能和知识。

为了满足行业的需求，商务英语课程设置和教学内容正在与实际商业环境紧密结合，课程设置注重学生实践能力的培养，教学内容更加贴近企业对商务英语人才的实际要求。学校与企业之间的合作不仅体现在共同制定课程内容和教学大纲上，还体现在提供实习机会、举办行业讲座和组织实践活动等方面。

这种融合行业需求的趋势有助于确保商务英语教育与商业实践之间的紧密对接，使学生在校期间就能够获得更多与行业相关的实践经验，使学生具备更强的就业竞争力。通过与企业合作，学校可以更好地了解行业的发展趋势和需求，进而调整教学内容和方法，以培养更符合市场需求的商务英语专业人才。这一趋势不仅有助于提高学生的职业竞争力，还有助于促进商务英语教学与实际商业运作之间的紧密结合。

第四节　商务英语教学现状分析

随着我国外资企业数量日益增多，国际贸易往来不断频繁，对高素质外语专业人才的需求也逐渐增加。这些人才不仅需要精通贸易专业知识，还要能够熟练准确地运用英语进行日常工作和沟通，这对商务英语教学提出了更高的要求。只有全面了解商务英语教学现状，分析其中存在的问题，寻求相应解决策略，并将能力培养放在首要位置，才能实现良好的教学效果。

一、教学层面

在实际教学层面，商务英语存在以下几个方面的问题。

（一）教学目标不明确

商务英语教学的成功与否取决于教学目标的明确性，这有助于确保学生和教师了解在学习过程中应该达到什么样的目标和预期结果。然而，实际情况中，商务英语教学的目标往往比较模糊，表现在以下几个方面。

首先，有些学校可能没有制定明确的商务英语教育目标，或者这些目标可能过于笼统，没有具体的度量标准。这使得学生和教育者难以理解应该达到的标准和期望。缺乏明确定义的目标可能会让学生感到困惑，不知道他们的努力学习是否朝着正确的方向前进。

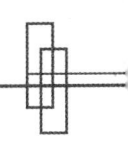

即使有明确的目标，课程内部的具体目标也可能不明确。这可能导致不同的教师在同一个课程中设置不同的教学目标，学生可能会感到困惑，不知道应该关注哪些方面。这种不一致性可能会削弱学生的学习体验，降低教育质量。

其次，商务英语的教学目标应该与实际商务环境中的需求相匹配。然而，一些商务英语课程可能未能充分考虑到不同行业和职业领域的特定需求，从而无法培养学生实际的职场应用能力。这意味着学生可能在学完课程后难以适应实际工作中的语言要求，从而使教育与实际需求脱节。

最后，教学目标的不明确会导致评估标准的不明确。如果不清楚教学应该达到的目标，那么如何进行有效的评估就成为一个挑战。这可能会影响到学生的学习动机，因为他们不清楚他们的努力是否会得到公平和准确的评价。同时，缺乏明确的评估标准可能降低教育质量，因为教育者难以判断教师的教学方法是否有效。

（二）课程体系不完善

在商务英语实际教学中，一些商务英语课程可能缺乏结构性和层次性。课程内容可能零散，缺乏条理性，无法为学生提供一个系统化的学习框架。缺乏完善的课程体系会使学生在学习过程中难以形成系统化的商务英语知识体系，从而影响他们的学习效果和培养其职场应用能力。一些商务英语课程可能过于理论化，缺乏实践性。这意味着课程内容主要侧重商务英语的理论知识，而缺乏实际的商业案例和实践操作。缺乏实践性的课程体系会使学生难以将所学知识应用到实际工作中，从而降低课程的实用性和可操作性。

在全球化的商业环境中，跨文化交流和多语言沟通能力变得尤为重要。然而，一些商务英语课程可能仅侧重单一的商业文化，而忽视了多元文化背景下的沟通技巧和交流策略。缺乏对多元文化背景的关注会限制学生在国际商业舞台上的适应能力和竞争力。

同时，商业领域的不断发展和变化需要学生具备最新的商业知识和技能。商务英语教学可能未能及时更新教学内容，缺乏与最新行业发展趋势和实践经验的紧密结合，从而使学生在毕业后面临与实际工作要求不匹配的情况。

（三）教学方法单一

在商务英语课堂上，教育者倾向采用一种或有限种类的教学方法，而未能提供多样性和综合性的教育体验。

1. 过于依赖传统教学方式

商务英语教学的特点之一在于涵盖了普通英语内容以及广泛的商务知识，包括经贸、金融、会计、保险、税务、运输、法律和管理等各个领域的专业词汇和知识。然而，由于课时有限，仅仅依赖老师在课堂上的传授是不够的，学习者的主动学习至关重要。如果学习者过于依赖老师，习惯被动接收知识，只是机械地记忆和应付考试，可能就会导致他们缺乏独立思考和解决问题的能力。

目前大部分商务英语课程仍然采用传统的"以教师为中心"教学模式，即教师单方面地传授知识，而学生被动接收。在这种模式下，教师具有绝对的权威地位，学生被要求仅

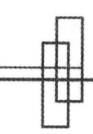

仅是听讲、做笔记，并按照教师的要求完成任务。然而，这种教学方式使得学生缺乏实际动手实践和参与讨论的机会，导致学生的学习效果大打折扣。

因此，商务英语教学需要更加注重学生的主动性和独立思考能力的培养。教学模式应该更加倾向学生参与式的教学，鼓励学生发表观点、参与讨论和实践，培养其批判性思维和解决问题的能力。这将有助于提高学生的学习兴趣和学习效果，有利于他们在未来的职业生涯中适应多变的商务环境。

2.忽视口语表达和交流技巧

口语表达和交流技巧是商务交际的核心，对在国际商务领域成功地与客户、合作伙伴沟通至关重要。

一些商务英语课程过于注重书面英语，可能会导致培养学生在口头交际方面的能力受到忽视。这是因为书面英语和口头英语在语言表达、语气、用词和流利度等方面存在差异。为了解决这一问题，教育者应该均衡地关注口语表达，确保学生能够在商务场景中自信地交流。

同时，有些商务英语课程可能缺乏实际情景的教学方法。口语表达和交流技巧需要在真实的商业场景中进行练习和培养。通过模拟商务会议、谈判、演讲和商务社交活动等实际情景，学生可以更好地掌握这些技能。

另外，发音和语音对有效的口语交流至关重要，但这些常常在商务英语教学中被忽视。教育者应该提供发音和语音培训，以帮助学生准确地发音并提高口语流利度。

3.缺乏互动和实践性教学

一些商务英语课程可能缺乏实践性教学方法。商务英语应该是实际应用的学科，但一些课程可能仅提供理论知识，而未能提供足够的实际练习、商业案例分析和模拟情景。这使得学生缺乏实际应用的机会，难以将所学知识转化为实际技能。

4.忽视现代科技手段的应用

在今天的全球化和数字化时代，科技已经成为商务领域的重要组成部分，然而，传统的商务英语教学方法可能没有跟上科技的步伐。首先，这个问题可能源自一些教育机构和教师仍然坚持传统的教育方法，他们未能充分认识到现代科技工具的潜力。这种传统教育方法的坚守可能导致学生不能充分掌握商务英语所需的数字技能和实际应用能力。

其次，教育机构和教师可能面临培训和资源不足的问题，这使得有效整合科技工具到商务英语教学中变得更加困难。缺乏关于科技工具的培训和支持，限制了教师充分利用这些工具的能力，也限制了学生的学习体验。此外，老师和学生之间存在着"数字鸿沟"，有些学生可能对现代科技工具不够熟悉，而一些老师也可能面临相同的问题，这加大了对利用科技工具教学的忽视程度。为了解决这一问题，教育机构可以积极推动老师和学生数字素养的提高，为其提供培训和资源，帮助他们更好地应用科技工具。商务英语教育应该采用综合性教学方法，包括现代科技工具，包括在线模拟商务环境、虚拟实习和多媒体资源等。然而，一些教育机构可能缺乏创新的教学方法，导致科技工具被忽视。

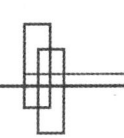

最后，商务英语教育应该与实际商业实践相结合，以确保学生获得实际技能。与行业合作和提供实际案例分析可以帮助学生将所学的知识与实际商务环境联系起来，而科技工具可以在这个过程中发挥重要作用。

（四）教学设施条件及教学资源有待完善

商务英语教学面临教学设施和资源不足的问题，这将对学生的综合能力发展和实际应用能力构成阻碍。首先，一些学校或教育机构缺乏适当的教学设施，如现代化的语音实验室、多媒体教室或商务交流培训中心。这对商务英语教学至关重要，因为商务英语需要培养听、说、读、写等多种技能，有时需要使用视频会议技术来模拟真实商务交流。缺乏这些设施将会限制学生在实际商业场景中的实践能力。解决这个问题需要投资现代化教育设施，以提供更实际和综合的商务英语教学。

其次，缺乏最新的教材和技术资源也是一个问题。商务英语的教学需要使用最新的商务案例、模拟场景和行业资讯，以确保学生与当前商业趋势和实践保持接轨。然而，一些学校或机构可能没有提供更新的教材和技术资源，这将会导致教学内容的过时，无法满足学生在实际商业环境中的需求。为了解决这一问题，教育机构应积极跟踪商业领域的发展，与企业建立合作伙伴关系，确保学生获得最新的商务信息和知识。

最后，商务英语教学需要强调口语和沟通技能的培养，但学生可能缺乏与外语母语者交流的机会。有限的外语交流机会将会限制学生口语表达能力的提高。教育机构可以通过组织与外语母语者的交流活动、实践性角色扮演、模拟商务会议等方式来提供更多的口语练习机会，帮助学生自信地应对真实商务沟通场景。

（五）考核方式过于传统，不够多元化

传统的考核方法通常以最终成绩或考试结果为主要侧重点，这使得学生过于关注如何在考试中取得高分，而忽略深入理解和积累知识与技能的重要性。这种结果导向的评估方式容易削弱学生的学习动机，减低他们的学习兴趣，以及限制他们在综合能力方面的成长。另外，传统的考核方式还存在一个问题，即缺乏及时的反馈和改进机会。学生通常只有等到考试结束后才能了解他们的表现，这阻碍了他们能够及时发现问题、纠正学习策略的机会。这种缺乏反馈的情况可能导致学生不够积极地投入学习，从而对他们的学业发展产生负面影响。因此，商务英语教育需要更多元化的考核方式，以促进学生更全面的学习和能力发展。

二、学生层面

在学生层面，商务英语教学存在着许多问题，具体来说有以下几个方面。

（一）商务专业知识贫乏

许多学生在接受商务英语教育开始阶段可能具有有限的商业领域的知识。他们可能对商业规律、贸易规则、市场分析等缺乏深刻的了解。基础知识的缺乏可能导致他们难以理

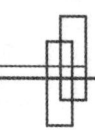

解商务英语的实际应用和相关领域的专业文本。解决这个问题需要学校提供额外的背景知识课程，以帮助学生学习必要的商务知识。

（二）商务英语词汇量不足

商务英语中有大量的专业术语和行业名词，学生可能对这些词汇不够熟悉，从而影响他们的表达能力。扩展词汇量是关键，教师需要在课程中注重专业词汇的教授，并提供相关的背景信息和实际案例，以帮助学生更好地理解和运用这些词汇。

（三）缺乏学习兴趣

一些学生可能对商务领域的知识缺乏浓厚的兴趣，这可能导致他们在学习过程中表现不佳。学生的学习兴趣可能受到挑战，尤其是如果课堂设计缺乏吸引力和实际性。教师需要寻找方法激发学生的兴趣，如引入实际案例、模拟情境、互动活动等，以使学习过程更具吸引力和实际意义。

这些学生层面的问题源自多个根本原因，这些原因会影响学生在商务英语教育中的表现和学习体验。

第一，学生在商务英语教育中的出发点差异很大，因为他们的学业背景、经验和先前的学习可能存在显著的差异。一些学生可能来自商务或相关领域，已经具备一定的商务背景知识，而其他学生可能来自非商务领域，对商务相关内容一窍不通。这种差异会影响学生对商务英语的理解和学习速度，需要采取差异化教育方法来满足不同学生的需求。

第二，学生的学习方法可能不够高效或不适应商务英语教育的特殊需求。商务英语要求学生不仅具备语言技能，还需要理解商务概念和交流技巧。一些学生可能需要更多的指导，以制定更有效的学习策略，教师需要构建商务英语词汇和语法的知识框架，以利于学生更好地应对商务交际的挑战。

第三，一些商务英语课堂可能缺乏吸引力，学生对课程内容感到乏味或难以将其与实际应用联系起来。商务英语教育需要更强调实际案例、模拟情景和互动性，以使学习更具吸引力和实际性。缺乏这些元素可能导致学生的学习动力不足。

第四，学生的个人素质水平，包括学习动力、学习策略和自我管理能力，存在差异。一些学生可能天生更具动力，能够主动学习和应对挑战，而其他学生可能需要更多的支持和指导。这些个人素质差异也会影响学生的商务英语学习过程。

解决这些问题需要采取多种方法，包括个性化教育、学习方法的指导、丰富多样的课堂设计、强调实际应用和提供学术支持。这样可以更好地满足不同学生的需求，提高他们在商务英语教育中的学习兴趣和成效。

三、教师层面

（一）英语专业或商业知识缺乏

目前，大多数商务英语教师拥有英语语言相关领域的教育背景。他们的强项在于英语

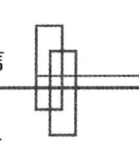

语言基础知识和英语教学技能，因为他们在专业课程中经过了深入的语言学习和教育方法培训。这些教师通常能够有效地教授英语听、说、读、写、译等方面的技能。然而，由于他们在商业领域的专业知识有限，他们可能在传授商务相关的实际知识和实际案例方面面临一定的挑战。这可能导致教学内容相对理论化，缺乏实际商务场景的深刻理解。为了提高教学质量，这些教师需要积极学习商业知识，可能通过自学、参加相关培训，或者与行业专业人士合作。

还有一部分商务英语教师拥有商业管理、国际贸易、金融、法律等商业或相关领域的学位。他们在教学中可以更好地将专业知识融入商务英语课程，因为他们具备实际商务背景和经验。这有助于学生更好地理解商业术语、流程和实际应用。不过，这些教师可能需要进一步提升英语语言教学的能力，包括教授英语语法、发音、写作等方面的技能。此外，他们也需要学习如何有效地传授跨文化交际技巧，因为商务英语教学通常涉及与国际合作伙伴的沟通。

商务英语作为一门综合学科，需要教师具备丰富的商务背景知识和扎实的英语专业知识储备。只有"两手抓，两手都要硬"，教师才能够全面地教授学生商务英语所需的语言技能。

（二）教师专业发展不能与时俱进

教育领域不断发展，新的教学方法、技术和教材不断涌现。如果教师没有机会或动力来了解这些最新趋势，他们的教育方法就可能变得陈旧，无法满足学生的需求。商务英语领域也在不断发展，新的商业实践和领域不断涌现。如果教师没有及时更新自己的商务知识，他们就可能无法教授最新的商务英语内容。

在商务英语领域，教师专业发展不能与时俱进是一个普遍存在的问题，商务英语教师通常需要应对大量的教学任务，包括备课、授课、批改作业和考试等。这些任务可能占用了大部分教师的工作时间，使他们难以腾出时间来进行专业发展。有些学校或机构可能没有提供足够的资源和支持，以便教师参加培训、研讨会或参与研究项目。缺乏这些资源可能使教师感到难以更新自己的知识和技能。

综上所述，尽管大学商务英语教学面临一系列挑战和问题，但这些问题都可以通过合作和共同努力得以解决。学校、教育机构、教师和学生都可以发挥积极作用，采取一些措施来改善商务英语教学现状，提高教育质量和学习效果。

第二章 新时代商务英语教学的趋势

第一节 信息技术与商务英语教学的融合

在当今数字化和全球化的时代，信息技术已经深刻改变了我们的生活方式、商业模式以及教育方法。特别是在商务领域，信息技术为跨国公司、国际贸易、金融业、市场营销以及众多其他商业领域提供了前所未有的机会。与此同时，商务英语作为一门至关重要的国际通用语言，也在全球范围内发挥着重要作用。因此，本节将深入研究信息技术与商务英语教学的融合，探讨如何利用现代技术来提高商务英语学习和教学的效果。

一、信息技术的概念

信息技术（Information Technology，简称 IT）是指利用计算机和通信设备以及相关的软件和硬件技术来处理、存储、传输和管理信息的一门学科。它涵盖了广泛的技术和应用领域，对现代社会的各个行业和领域都具有重要意义。

信息技术领域包括但不限于以下几个方面。

计算机科学：计算机科学是信息技术的核心领域，研究计算机系统的设计、开发、应用和理论。它涵盖了计算机硬件、软件、算法、数据结构、编程语言等方面的知识和技术。

网络与通信：网络与通信是信息技术中与数据传输和通信相关的领域。它包括计算机网络技术、网络安全、互联网应用开发等，涉及数据传输、网络连接、信息交换等方面的技术和应用。

数据库与信息管理：数据库与信息管理是关于数据的存储、检索和管理的领域。它包括数据库设计与开发、数据挖掘、信息检索、大数据处理等方面的技术和方法。

软件开发与应用：软件开发与应用是关于软件系统的设计、开发和应用的领域。它涵盖了软件开发方法、软件工程、应用程序开发等方面的知识和技术。

人机交互与用户体验：人机交互与用户体验是关于人与计算机之间交互和界面设计的领域。它研究如何设计用户友好的界面、优化用户体验、提高系统的可用性和易用性。

信息安全与隐私保护：信息安全与隐私保护是关于保护信息系统和数据安全的领域。它包括网络安全、数据加密、身份认证、风险管理等方面的技术和策略。

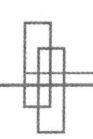

信息技术的应用非常广泛，几乎在所有行业和领域中都扮演着重要的角色。它在商务、教育、医疗、金融、娱乐等各个领域都有应用，推动了社会的数字化和智能化发展。同时，信息技术也在不断创新和演进，如人工智能、物联网、云计算等新兴技术的出现，为信息技术的应用带来了新的机遇和挑战。

二、信息技术与商务英语教学融合的内涵

自《国家中长期教育改革和发展规划纲要（2010—2020 年）》（以下简称《教育规划纲要》）开始，中国政府已将教育信息化纳入国家信息化发展的整体战略，并强调信息技术对教育发展的重要性。2012 年 3 月教育部印发《教育信息化十年发展规划（2011—2020 年）》（以下简称《规划》），以促进落实《教育规划纲要》中有关教育信息化的总体部署为目标。这一规划中引入了全新的理念，用信息技术与教育教学的深度融合，取代传统的"信息技术与课程整合"提法，成为实现教育信息化的新途径与方法。这一新观念不断在相关文件中得到强调，如在《关于中央部门所属高校深化教育教学改革的指导意见》《教育信息化"十三五"规划》《国家教育事业发展"十三五"规划》《2017 年教育信息化工作要点》和《教育部 2018 年工作要点》等文件中多次提及。特别是在大学外语教育领域，教育信息化发展被视为一个重要组成部分。在国家教育信息化迅速发展的大背景下，信息技术已经成为并将继续作为大学英语教学改革与实践的一个有机组成成分。这些政策的出台和实施既显示出政府对教育信息化的高度重视，也反映出信息技术在教育领域中的不断渗透和重要作用。通过教育信息化，教学资源得以更好地共享，教学手段得以更加多样化和灵活化，有助于提高教学效率和教育质量。同时，强调信息技术与教育教学深度融合意味着在教育体系中需要注重创新教学方法，积极探索利用先进技术提升教学质量的可能性，以更好地满足不断发展的教育需求。

（一）信息技术与外语教学关系的演进过程

信息技术与外语教学之间的关系发展可以分为以下几个阶段，

1.辅助教学

在外语教学中，信息技术最初被视作辅助工具，主要用于提供多媒体教材、展示教学内容和辅助教师的讲解。这种运用在一定程度上改善了教学手段，增加了教学的多样性和吸引力。例如，教师可以利用电脑和 PPT 制作图文并茂的课件，配合音频和视频素材，使教学内容更加生动和形象化。然而，这种辅助教学模式仍然保留了传统教学的特征，即教师仍然是教学的核心，学生主要是被动接收知识的对象。教师仍然扮演着知识传授者和讲解者的角色，而学生的学习活动相对较少。虽然信息技术的运用提供了更多的教学资源和工具，但教学过程仍然是以教师为中心的，学生的主体性和创造性得不到充分的发挥。

2.支撑阶段

在这一阶段，信息技术开始支持外语教学的不同方面。学生和教师可以访问在线资源，如语言学习网站、数字化的教材、音频和视频资源等，以丰富教学内容。学校或教育

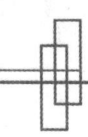

机构可能会提供学生使用的电子学习平台，允许他们在线提交作业、查看成绩和与教师互动。软件应用程序可以提供针对语言学习的练习和交互性，帮助学生提高语言技能。然而，外语教学的基本结构仍然是传统的，以课堂教学为中心，信息技术在辅助角色中发挥着重要作用。

3. 整合阶段

在这一阶段，信息技术与外语教学开始整合，信息技术不再仅仅是支持工具，而是成为课程的一部分。教师可以设计在线作业和虚拟课堂，使学生能够远程参与课程，进行在线互动，以及在不同时间和地点学习。学校和教育机构使用教育管理系统来跟踪学生的学习进展、管理课程材料、分发资源和收集数据，以更好地了解学生的需求。

整合阶段强调个性化学习。信息技术可以根据学生的需求和水平提供定制的学习材料和反馈。教学模式开始采用混合式学习模式，将传统课堂教学与在线学习相结合，为学生提供更灵活的学习体验。

4. 深度融合阶段

深度融合是信息技术与外语教学关系的本质转变。这一阶段的特点是信息技术与外语教育教学实现了双向、平等、共生的关系。信息技术不再仅仅是工具，而是与外语课程、外语教学的核心紧密结合，促进双方的创新和协同发展。这一阶段强调外语教育的内在需求，将信息技术作为实现外语课程、外语教学变革的手段。

（二）信息技术与商务英语教学融合的内涵

1. 满足新时代商务英语发展的内在需求

在当今日益复杂的商务环境中，全球化的浪潮持续推动着商务交流的频繁发生，对中国而言，具备高水平的商务英语能力已成为商务专业人才不可或缺的重要素养。然而，商务英语的需求远非仅限于语言技能的掌握，而是包括对商业知识深刻理解的全面要求。学生们不仅需要熟练掌握商务英语的词汇和语法，更需要了解行业内的专业术语、商业文化，以及掌握跨文化交际的技巧。这些综合要求共同促使着商务英语教育必须注重培养学生的综合能力，以便他们能够在全球商务交流中游刃有余，以中国特色的专业素养和文化背景展现出更大的竞争力和影响力。

信息技术与商务英语教学的融合与满足新时代商务英语发展的内在需求息息相关。通过信息技术，学生可以更有效地学习和应用商务英语，应对复杂的商务环境。

首先，信息技术提供了更广泛的学习资源。学生可以通过在线课程、商务英语学习应用和互联网上的各种学习材料来提高他们的商务英语技能。这种广泛的资源可帮助学生更好地理解商业领域的专业术语和实践，满足他们对更深刻理解商务知识的需求。

其次，信息技术可以促进跨文化交际技能的培养。学生可以通过在线协作工具、虚拟商务会议等方式与全球范围内的商业伙伴进行互动。这种跨文化交际的实践有助于培养学生的跨文化敏感性和交际技能，以实现全球化商务交流的要求。

最后，信息技术为学生提供了更灵活的学习方式。学生可以在任何时间、任何地点学

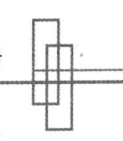

习商务英语，这为他们提供了更多的自主学习机会。这种灵活性使学生能够更好地安排他们的日常生活和工作，满足商务英语的实际需求。

2.信息技术与商务英语教学融合不是二者简单的叠加

首先，信息技术与商务英语教学的深度融合远非简单的叠加，而是一项复杂的、动态的系统工程。这种深度融合要求有完善的顶层设计，以引领和支持整个系统的发展。其中，课程教学是这一融合的重要组成部分，也是深度融合系统工程的支点。因此，在大学商务英语课程的深度融合中，顶层设计显得尤为关键。

其次，这一深度融合的顶层设计包括多方面的工作，涵盖内涵解读、理念引导、理论支持、需求分析、教学设计、方案制定、师资配置、技术准备、团队协作、资源建设、教学实施、过程管理、教学研究以及质量评价等全局性规划工作。这些工作需要由团队负责人负责，结合具体学校的情况，确保信息技术与商务英语教学深度融合能够顺利进行。

最后，教师是这一深度融合过程中的重要生产力，扮演着实际的执行者和落实者的角色。然而，在信息技术环境下，商务英语教师的教学能力需要不断发展和提升，这同样需要进行顶层设计。团队负责人需要协调外语教师的技术知识、教学知识和学科知识的整体发展，整合外语教学团队的技术能力、教学能力和学科能力，以确保他们能够有效地融合信息技术于外语教学中。

这一深度融合要求外语教学团队与教育技术学和外语教学领域的研究者和实践者共同合作，以探索双向融合的道路。通过循序渐进的方式，可以提升教师在融合技术、教学研究和教学理论建构方面的能力，实现信息技术与商务英语教学的有机深度融合。

3.信息技术与商务英语教学融合持续发展

信息技术与商务英语教学融合的持续发展是一个与时俱进的过程，不仅涉及技术本身的不断革新，还包括对这种融合模式的不断完善和深化。首先，随着信息技术的不断发展，智能化教育软件、虚拟现实技术、在线合作工具等新技术不断涌现，这为商务英语教学提供了更广阔的发展空间。教育者和教师可以充分利用这些技术来提高教学效率、创造更丰富的学习体验以及激发学生的学习兴趣。

其次，教育领域对信息技术与商务英语教学融合的研究也在不断深入。教育者、研究者和实践者们正在积极探索新的方法和策略，以更好地整合信息技术和商务英语教育。这包括对新技术在商务英语教学中的应用研究、教学模式的创新以及教学资源的开发等方面。这些研究成果的不断涌现为信息技术与商务英语教学融合提供了更多的理论和实践支持。

最后，融合信息技术与商务英语教学是一个不断改进的过程。在这一过程中，教育机构和教师需要积极收集学生和教师的反馈意见，并根据实际经验进行不断的改进和调整。通过反馈机制的建立，教育者可以更好地了解学生在学习过程中遇到的问题和需求，从而及时对教学内容和方法进行调整，确保教学质量得到持续提升。同时，教育机构应该鼓励教师参与教学改进的研究和实践活动，为他们提供相关的培训和支持，以提高教师在信息

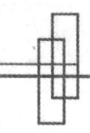

技术与商务英语教学融合中的专业水平和创新能力。

三、信息技术与商务英语教学融合带来的机遇与挑战

（一）带来的机遇

信息技术与商务英语教学融合为教育领域带来了许多机遇，这些机遇将会深刻地影响学生、教师以及整个教育体系。

1.提升个性教学能力，实现差异化教学

信息技术为教师提供了更多的工具和资源，使他们能够更好地满足不同学生的学习需求。通过在线学习平台和智能化教育软件，教师可以更容易地跟踪学生的学习情况，了解他们的强项和需改进之处。这有助于实施差异化教学，确保每个学生都能够以适合他们的方式学习，提高学习成效。

2.丰富学习资源渠道，利用MOOC等资源提升教学效果

信息技术为学生提供了更广泛的学习资源渠道。MOOC（大规模在线开放课程）等在线学习资源可以帮助学生获得来自世界各地的高质量教育内容。这不仅可以丰富他们的学习材料，还能够提供实际商务环境的案例和实践经验，有助于提升商务英语教学的实效性。

3.建立开放的学习环境，激发主动学习思维

信息技术支持学生在更灵活的环境中学习，独立解决问题，积极探索知识。在线学习平台、虚拟实验室和在线讨论板等工具为学生提供了更多自主学习的机会。这既可以鼓励主动学习思维，也可以培养学生的自我管理和自我学习能力。

4.优化考评机制，实现学习结果与过程并重的全过程评价

传统的考评方式往往侧重考试成绩，而信息技术允许更全面的评价方法。通过在线测验、项目评估、参与度记录和学习日志等工具，可以更好地了解学生的学习过程，强调学习的全过程，而不仅仅是结果。这有助于教师更准确地评估学生的能力和进步情况，鼓励他们更积极地参与学习。

5.促进教师与学生的深度互动，提升学习体验

信息技术使教师能够更密切地与学生互动，并提供个性化的反馈和指导。在线讨论、实时聊天和在线助教工具等促进了更深度的教师—学生互动，帮助解决学生的问题，激励他们更多地参与课堂。这种互动不仅可以丰富学习体验，还可以建立更紧密的学习社区。

综上所述，信息技术与商务英语教学的融合为教育带来了更多的机遇，从提升个体学习体验到改进教育体系，都有潜在的益处。这一趋势需要教育者、学生和教育机构充分把握，积极利用这些机遇来提高商务英语教育的质量和效果。

（二）面临的挑战

1.教师和学生的信息技术能力需要提升

信息技术的快速发展意味着教师和学生需要不断提升他们的技术能力，以有效地利用

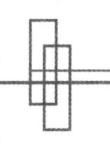

这些工具来支持教学和学习。教师需要了解教育技术的最新趋势和最佳实践，以便能够为学生提供高质量的商务英语教育。学生需要获得足够的技术培训，以充分参与在线学习和利用数字资源。

2.学校需要加大投入建设教学平台和支持体系

实施信息技术与商务英语教学的融合需要大量的投资，包括建设和维护在线学习平台、购买教育技术工具和资源，以及提供教育技术支持服务。教育机构需要投入相当数量的资金和人力资源，以确保这些平台和支持体系的稳定性与可持续性。

3.对信息技术过度依赖可能带来一定负面影响

过度依赖信息技术可能导致一些负面影响。如果课堂完全迁移到在线环境，就可能会失去面对面互动的机会，这对一些学生来说可能不是最佳的学习方式。此外，技术故障、网络连接问题和其他技术相关的挑战可能会对教学产生负面影响，因此需要备选方案以应对这些情况。

4.教学模式和方法的探索需要长期累积和检验

先进的信息技术与商务英语教学模式和方法不会一蹴而就，它们需要长期累积和不断检验。教育者需要投入时间和资源来研究与开发有效的教学策略，同时持续监测和改进这些策略。这需要教育机构的长期承诺和资源支持。

在面对这些挑战时，决策者和教育者需要制定明智的战略，确保信息技术与商务英语教学的融合不仅提供了更多机遇，还能够解决潜在的难题，以实现高质量的商务英语教育。

四、信息技术与商务英语教学融合的路径

（一）学校的角色

为推动信息技术与商务英语教学的融合，学校需要建设现代化的基础设施，包括高速互联网连接、数字化教室、计算机实验室和其他技术支持的学习空间。这些基础设施可以为学生和教师提供进行在线学习、访问数字化学习资源以及使用教育技术工具的必要条件。

学校应该投资采购适当的教育技术工具，如虚拟课堂平台、在线学习管理系统、数字化教材和学习资源库。这些工具可以支持在线授课、课程管理和学生评估等关键方面。同时，学校需要建立有效的维护和技术支持团队，确保这些工具的稳定性和可用性。

为了有效地推动信息技术与商务英语教学的融合，学校应该为教师提供必要的培训和支持。这包括培训教师如何使用教育技术工具、设计在线教学内容、进行虚拟课堂管理以及评估在线学生的学术表现。教师需要不断提高他们的技术技能，以适应快速发展的技术环境。

信息技术与商务英语教学融合需要处理大量学生和教育数据。学校需要制定健全的数据管理和隐私政策，以确保学生数据的安全和隐私得到保护，包括数据存储、访问控制、

数据备份和合规性管理。另外，学校还需要确保遵守相关法规，如欧盟的通用数据保护条例（GDPR）等。

学校应该鼓励教师和研究人员积极参与信息技术与商务英语教学融合的研究及创新。这可以包括设立研究基金、举办研讨会和会议，以及支持教育技术创新项目。通过这些举措，学校可以不断提升融合的质量和效果。

总之，学校在推动信息技术与商务英语教学融合方面需要创建一个支持性的环境，为教师和学生提供必要的资源和培训，同时确保教育技术的可持续发展。这将有助于提高商务英语教育的质量，并培养出更具竞争力的商务英语专业人才。

（二）教师的角色

为了有效地实现信息技术与商务英语教学的融合，教师需要不断提高自身的数字素养和教育技能。

第一，教师可以积极参加与信息技术和商务英语教育融合相关的专业发展培训。这些培训通常由学校、教育机构或专业组织提供，涵盖诸如虚拟教室工具、在线教育平台、数字化教材的使用等方面。通过培训，教师可以了解最新的技术趋势和最佳实践案例。

第二，教师应该主动探索使用各种教育技术工具，以找到适合商务英语教学的工具，包括在线课程管理系统、虚拟课堂平台、在线测验和评估工具，以及数字化学习资源库。了解这些工具的功能和优势，有助于教师更好地整合它们到自己的教学中。

第三，教师可以创造或定制数字化教材，以满足商务英语课程的需要，包括数字化课本、多媒体演示、在线模拟练习和互动学习活动。通过设计适应数字化环境的课程材料，教师可以提供给学生更富有吸引力和互动性的学习体验。

第四，由于信息技术不断演进，教师需要提高他们的数字素养。这可以通过参与在线研讨会、参观教育技术展会、阅读相关文献和参与社交媒体专业社区来实现。与同行分享经验和最佳实践是不断提高教师数字素养的有效途径。

通过积极提高数字素养和教育技能，教师可以更好地将信息技术融入商务英语教学中，提供给学生更富有创新性和高效率的教育体验，帮助学生更好地适应商务英语领域的要求。

（三）学生的角色

学生应主动利用教学平台，包括在线学习管理系统、虚拟课室和电子教材等，来获取课程材料、任务和资源。学生需要积极参与在线和线下的互动学习，包括参加虚拟会议、讨论小组、线上辅导和实地考察，这有助于他们与同学和教师之间的交流，深化学习体验。学生应认真完成分配的任务和项目，包括作业、研究报告、演示和模拟商务项目。这些任务有助于将知识应用到实际情境中。学生应敢于提出问题和困惑，并积极与同学和教师进行交流，以便及时解决学术和技术难题。学生需要具备自主学习的意识，包括设定学习目标、管理时间、制订学习计划和自我评估。这有助于他们在信息技术环境下更好地掌握学习过程。

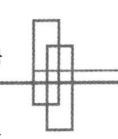

总的来说，在信息技术与商务英语教学融合中，学生的角色应当是积极主动的、自主学习的、具备批判性思维和问题解决能力的学习者。他们需要利用信息技术的力量来实现更深入的学习和提高商务英语技能，同时可以享受到更多个性化学习的机会。信息技术赋能下，学生不再是被动的接收者，而是学习旅程的主角。

第二节　全球化与跨文化沟通的要求

一、全球化概述

（一）全球化的内涵

全球化是一个复杂的过程，它涉及不同领域、时期和方式的全球联系与交流。这个概念早在 1962 年首次被提出，现在已经成为一个广泛使用的词汇，但它在不同人群中引发了不同的观点。

全球化包括各种领域的互动，从经济、政治、文化到技术。经济全球化促进了贸易和资源流动，也带来了社会的繁荣，但也引发了贫富差距的问题。政治全球化带来了国际合作和组织的兴起，但也可能引发冲突和竞争。文化全球化促进了文化的多样性发展，但也可能导致文化冲突和产生失落感。技术全球化使信息传播更容易，但也可能引发隐私和安全问题。

全球化的历史可以追溯到早期人类的迁徙和文明交流，但在现代时期，特别是在哥伦布的新大陆发现之后，全球化变得更加显著。旅行家、商人、传教士和探险家是早期的全球化使者，他们推动了跨越大洋的联系、文化交流和资源传播。另外，全球化的过程也受到了政治统治者、商业公司和宗教组织的影响。

经济全球化在过去五百年中变得尤为显著，全球贸易和财富分配的变化影响了各国的发展和文化传播。新作物的引入，如玉米和红薯，改变了人口分布和粮食生产方式。自由贸易范围的扩大促进了经济增长，同时推动了中产阶级的发展，增加了他们对生产和国际旅游的需求。

信息产业革命进一步加速了全球化，通过电话、电视和互联网，信息能够以前所未有的速度传播。通信和交通成本的降低带来了信息爆炸的新时代，改变了人们的生活方式，促进了全球经济增长。这也使人们可以在全球范围内建立更紧密的联系，促进了文化交流和国际合作。

总的来说，全球化是一个复杂而多维的过程，既带来了机遇和繁荣，也带来了挑战和问题。它塑造了现代世界，同时也需要我们认真思考如何管理和引导全球化，以最大程度地发现其潜力，减少其负面影响。

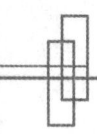

（二）全球化带来了什么

全球化带来了广泛而深刻的影响，它在多个领域塑造着我们的世界。第一，从经济角度来看，全球化拓展了市场范围，促进了全球贸易和资本流动。这使得跨国公司能够实现更大规模的生产和销售，创造了更多的就业机会，提高了生活水平。此外，全球化也对全球贫困问题产生了一定的积极影响，通过资源的流动，有助于减少一些发展中国家的贫困问题，尽管挑战依然存在。

第二，政治领域的影响是显而易见的。全球化促进了国际合作，各国通过更加密切地合作来解决共同的全球性问题，如气候变化和恐怖主义。国际组织的兴起，如联合国和世界贸易组织，为国际事务的协调和维护国际秩序提供了平台。此外，全球化带来了新的政治主体，跨国公司和国际非政府组织等，它们可以影响国家政策和国际议程，进一步塑造了全球政治格局。

第三在社会层面，全球化导致了多元文化的崭露头角。人员的跨国流动使各国社会变得更加多元化，促进了文化多样性和交流。同时全球化加速了知识的传播，提高了教育水平，促进了文化交流，扩大了人们的视野。然而，全球化也引发了移民问题，人们离开自己的国家寻找更好的机会，这虽带来了文化交流和劳动力流动，但也引发了社会和政治问题。

第四，文化领域的影响也不可忽视。全球化加强了媒体和文化产品的国际传播，如电影、音乐、文学和体育，推动了全球文化的普及。这使得人们能够更容易接触和了解来自不同文化背景的信息及创意。然而，文化冲突也是一个现实问题，一些人担心本土文化受到外来文化的侵蚀，由此引发了文化保护主义的问题。

第五，在技术领域，全球化对通信技术的发展产生了深远影响。互联网和智能手机的普及使信息传播更加快速，将世界各地的人们联系在一起，促进了全球交流和合作。此外，全球化也促进了技术的传播和创新，加速了科学和工程领域的发展，为社会带来更多的便利和进步。总而言之，全球化是一个复杂的过程，带来了广泛的积极的影响，如经济增长、国际合作和文化交流。然而，它也伴随着一些负面问题，如社会不平等、环境问题和文化冲突。因此，全球化的发展需要有效的政策和国际合作来发现其潜力，同时减少其负面影响，以确保全球化对各国和全球社会都带来正面影响。

（三）全球化使掌握跨文化商务英语成为必然

全球化的浪潮已经使掌握跨文化商务英语成为必然，这是因为全球化带来了更广泛的国际商业联系和交流，需要一个通用的商务语言来促进商业合作和跨国交易。以下是关于全球化为何使掌握跨文化商务英语成为必然的一些关键原因。

1. 国际商务的普及

全球化意味着企业可以更容易地扩展到国际市场，与来自不同文化和语言背景的合作伙伴及客户进行业务交往。这就要求商务人士能够有效地沟通和合作，英语作为一种全球性语言，成为一种自然的选择。

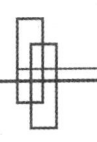

2.全球供应链

全球化推动了跨国供应链的发展，企业需要与供应商、制造商和分销商进行跨文化合作。使用英语可以简化复杂的跨国交流环节，减少语言障碍。

3.国际市场机会

全球化为企业提供了机会，使企业能够迅速进入不同国家的市场。掌握英语使企业能够更轻松地理解市场需求、进行市场研究和推广产品。

4.跨国企业和跨文化团队

跨国公司在全球范围内拥有办事处和员工，这意味着不同文化和语言背景的团队需要协作。英语成为跨文化工作的共同语言，有助于促进团队合作。

总之，全球化已经改变了商业环境，使商务英语成为不可或缺的工具。能够流利地使用英语不仅有助于企业在国际舞台上获得竞争优势，还有助于促进国际合作、文化交流和商业成功。因此，掌握跨文化商务英语已经成为在全球化时代开展国际业务的必然。

二、商务英语教学要适应跨文化沟通需求

（一）跨文化沟通的含义

跨文化沟通是指在不同文化背景下进行有效交流和理解的过程。它涉及人们跨越语言、价值观、信仰、社会习惯、礼仪和沟通风格等文化差异，以实现有效的信息传递和相互理解。跨文化沟通不仅仅是语言的交流，还包括文化之间的信仰、态度、价值观和行为的交流。这种沟通通常涉及不同国家、地区或民族之间的互动，并且在全球化时代，它已经成为商务、社交和跨国合作中不可或缺的一部分。跨文化沟通的目标是避免误解、促进合作和建立有效的人际关系，无论在跨国公司、国际组织、国际旅行或外交等领域。成功的跨文化沟通需要对不同文化的尊重和理解，以避免文化冲突，并建立互信和合作关系。

（二）商务英语教学要适应跨文化沟通需求

商务英语教学在全球化时代应当适应跨文化沟通的需求，这是因为商务英语不仅仅是语言技能的学习，还包括在跨文化背景下有效沟通的能力。以下是商务英语教学需要适应跨文化沟通需求的原因。

1.国际商务环境的复杂性

全球化使得商务环境变得更加多元化和复杂化。跨文化沟通不仅仅是语言交流，还包括文化、习惯、价值观等方面的因素。商务英语教育应该使学生了解不同文化之间的差异，以便更好地应对国际商务环境中的挑战。

2.文化敏感度的重要性

跨文化敏感度是成功国际商务人士必备的技能。商务英语教育应该培养学生的文化敏感度，帮助他们更好地理解和尊重不同文化背景的合作伙伴与客户。

3.有效的跨文化沟通

商务英语不仅要求学生具备良好的语言技能，还要求他们能够有效地跨越文化差异进

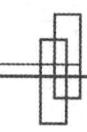

行沟通。这包括适应不同的沟通风格、礼仪和社交习惯，以确保信息传递的准确性和有效性。

4.国际业务机会的拓展

具备跨文化沟通技能的商务人士更容易在国际市场上获得成功。商务英语教育可以为学生提供拓展国际业务机会的竞争优势，因为他们能够更好地理解和满足国际客户的需求。

5.文化冲突的避免

跨文化沟通技能有助于避免文化冲突，减少误解和缓解紧张局势。商务英语教育可以教导学生如何处理文化差异，建立和谐的商业关系。

因此，商务英语教育应当更注重跨文化沟通技能的培养，包括文化敏感度、国际商务礼仪、跨文化协作等方面的教育，以满足全球化时代商务人士的需求，并帮助他们更好地适应国际商务环境。这将有助于培养具备广泛跨文化背景的商务英语专业人士，为他们的职业生涯发展提供更多机会。

三、在商务英语教学中培养学生的跨文化交际能力

（一）跨文化交际能力的内容

跨文化交际能力是指一个人能够在不同文化背景下进行有效沟通和交往的能力。这涵盖对不同文化的理解、尊重、适应和互动，以促进互相理解和和谐的关系。具体来说，跨文化交际能力包含以下几个方面的内容。

1.文化敏感度

跨文化交际能力的核心是文化敏感度，即对不同文化的敏感性和理解。这包括对文化差异的认知，如价值观、信仰、习惯、社交规范等。文化敏感度使个体能够避免产生刻板印象和偏见，而愿意深入了解和尊重不同文化的独特性。

2.语言技能

语言是跨文化交际的主要工具。能够流利地使用不同语言，或至少具备基本的语言交流能力，是跨文化交际的关键。语言技能包括口语、书写和听力技能，以便有效地与不同语言背景的人进行交流。

3.非语言沟通

非语言沟通是跨文化交际中的一个重要方面，包括肢体语言、面部表情、眼神接触、声调和姿态等。不同文化可能对非语言沟通有不同的理解，因此了解和适应这些非语言信号是至关重要的。

4.文化适应力

跨文化交际需要个体具备适应不同文化环境的能力。这包括对新文化环境的适应、尊重当地习惯和社交规范，以及愿意学习和调整自己的行为方式以融入当地文化。

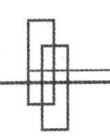

5.解决文化冲突的能力

文化差异可能导致文化冲突，跨文化交际能力包括解决这些冲突的能力。这需要冷静、耐心和有效解决问题的技能，以确保冲突不升级，而通过对话和妥协解决。

6.多元文化意识

跨文化交际能力包括多元文化意识，即意识到多元文化社会的丰富性和重要性。这有助于个体更好地与多元文化社区互动，并欣赏文化的多样性。

7.倾听和理解

善于倾听和理解他人是跨文化交际中的非常重要的。这包括倾听不同文化背景的人的观点和经验，以便更好地理解他们的需求和期望。

总的来说，跨文化交际能力是一种综合的能力，它要求个体具备文化敏感度、语言技能、非语言沟通技巧、适应能力和解决问题的能力。这是在全球化时代非常重要的技能，因为人们经常需要在跨文化背景下工作、生活和交往，掌握这种能力有助于促进不同文化之间的互相理解和和谐的国际合作。

（二）如何在商务英语教学中培养跨文化交际能力

1.引入跨文化理论知识教学

引入跨文化理论知识教学是提高跨文化交际能力的有效方式。其中，霍夫斯德的文化维度理论和霍尔斯特德的冰山模型是两个有益的理论，其可以帮助个体更深入地了解不同文化背后的各种规则。

霍夫斯德的文化维度理论提出了一系列文化维度，包括权力距离、不确定性回避、个体主义与集体主义、男性与女性、长期导向与短期导向等。通过教授和学习这些维度，个体可以更好地了解不同文化如何看待权力、风险、个人与集体等方面的问题。例如，权力距离维度可以帮助人们理解在某些文化中权力被强调，而在其他文化中更加平等和民主。这有助于避免产生误解和冲突，促进有效的跨文化交际。

霍尔斯特德的冰山模型则将文化差异比喻成"冰山"，分为表层文化和深层文化。表层文化包括可见的、容易察觉的文化特征，如礼仪、服饰、食物等。深层文化则包括更深层次的价值观、信仰、习惯等。通过了解这一模型，个体可以明白文化差异不仅体现在表层文化上，更深层的文化背后包含了更多的规则。这有助于避免产生过于表面的文化误解，促进更深入的跨文化理解。

通过引入霍夫斯德的文化维度理论和霍尔斯特德的冰山模型，教师可以提供给学生和跨文化参与者有关跨文化交际的更深入、更有意义的教育，帮助他们提高文化敏感性和跨文化交际能力，以应对全球化时代的跨文化挑战。

2.设计跨文化案例分析

培养跨文化交际能力在商务英语教学中至关重要。设计跨文化案例可以帮助学生更好地理解文化差异、解决文化冲突，以及提高跨文化交际技能。以下是一个示例跨文化案例的设计，以帮助培养学生的跨文化交际能力，见表1-1.

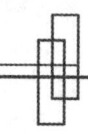

表 1-1　跨文化案例设计

案例题目	跨文化谈判：合作与文化挑战	
案例背景	学生分为两组，一组代表一家美国公司，另一组代表一家中国公司。这两家公司计划进行一项重要的商业合作，涉及合同谈判和合作条款的讨论。这是一次真实的商业机会，两组学生代表不仅需要谈判并做出合适的合同，还需要应对跨文化挑战	
案例情节	学生代表美国公司和中国公司参与合同谈判。在谈判过程中，涉及一些文化差异和挑战。例如，美国代表更注重任务导向的谈判方式，而中国代表更看重建立人际关系。此外，美国代表更直接、透明地表达他们的立场，而中国代表可能更倾向含蓄和委婉的沟通方式	
案例分析和讨论	文化差异分析	学生需要分析美国和中国之间的文化差异，包括谈判方式、沟通风格、价值观等。他们将了解如何这些差异可能导致文化冲突
	问题识别	学生需要识别在谈判中出现的文化冲突和问题，以及这些问题如何影响合作和合同谈判
	解决方案提议	学生将被要求提出可能的解决方案，以应对文化冲突并改善谈判结果。这可能包括调整谈判方式、建立信任关系、增进相互理解等
	角色扮演	学生可以进行角色扮演，扮演美国公司代表和中国公司代表，在模拟案例中的谈判中进行交流。这将帮助他们更好地理解文化差异和如何应对
	讨论和反思	学生将参与小组讨论，分享他们的观点和解决方案。他们需要反思如何将这些经验应用于实际的国际商务谈判中，以更好地处理文化冲突和提高跨文化交际能力

通过这个案例，学生将能够实际体验跨文化谈判的情景，学习如何在文化差异的情况下取得共赢结果。这将有助于培养他们的跨文化交际技能，为实现未来的国际商务合作做好准备。

3.丰富文化差异理解素养

丰富文化差异理解素养需要多方面的学习和体验，包括了解不同国家或地区的宗教、节日、文化特点，以及商业习惯差异。

首先，通过图文资料的形式，对不同国家或地区的宗教和节日进行概述。这包括主要宗教的图标和简要介绍，以及主要节日的名称、日期、庆祝方式、食物和活动。在此部分，强调宗教和节日对文化的重要性，以及它们在不同国家中的影响。例如，基督教、伊斯兰教、佛教、印度教等宗教的主要信仰和传统，以及节日如圣诞节、清明节、斋月、春节等的文化背景。

其次，选择几个代表性的国家或地区（如美国、中国、印度、阿拉伯国家、日本等），并通过图文资料详细介绍其文化特点和商业习惯。这包括语言、宗教、价值观、传统、风俗习惯等方面的信息。强调不同国家的文化多样性以及文化特点如何影响商业环境。

最后，设计一套自测测试题，覆盖宗教、节日、文化特点和商业习惯的知识。测试可以包括选择题、填空题和解释题。提供测试答案和详细解析，解释正确答案的理由，以帮助学生理解文化差异知识。在测试结束后，教师要为学生提供有关错误答案的反馈和建议，鼓励他们自我修正。同时教师可以提供额外的学习资源，以便他们更深入地了解文化差异。

4.训练身体语言表达技巧

身体语言是一种强大的交流工具，它可以传达情感、增强信息的清晰度，以及帮助建

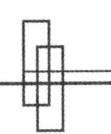

立信任和互动。为了提高跨文化交际能力，学生应该积极发展身体语言技巧。

学生可以学习一些基本的身体语言技巧，如眼神接触、微笑、握手、姿势等。这些技巧是在不同文化背景下都具有通用性的，因此它们是跨文化交际的良好起点。通过学习这些基本技巧，学生能够更自信地参与交际，传递积极的信息。

观察和模仿是培养身体语言表达技巧的另一种有效方法。学生可以观察有经验的跨文化交际者，了解他们如何运用身体语言来影响沟通。通过模仿这些技巧，学生可以逐渐提高自己的表达能力，并应对不同文化环境中的情景。

在商务英语课堂上，学生可以扮演不同国家或地区的商务代表，模拟跨文化交际情境。这有助于他们在安全的环境中练习身体语言技巧，并接受同伴或教师的反馈。通过角色扮演，学生可以更好地理解身体语言在实际交际中的重要性。

反馈和自我改进是提高身体语言表达技巧的关键。学生应积极寻求反馈，了解他们的身体语言如何被他人感知。通过自我反思和改进，他们可以逐渐提高自己的表达能力，减少误解和提高与不同文化背景的人之间的互信度。

最重要的是，学生需要理解不同文化对身体语言的不同解读。一些手势或表情在某些文化中可能有正面含义，但在其他文化中可能有负面含义。因此，文化敏感性的培养是确保身体语言不会引发文化冲突的关键。

5.模拟多元文化工作环境

模拟多元文化工作环境是培养跨文化交际能力的重要方法。在这种模拟中，学生可以在安全的教育环境中体验与不同文化背景的同事和合作伙伴进行工作。以下是一些模拟多元文化工作环境的方法。

（1）多元文化团队项目

教师可以组织学生参与多元文化团队项目，其中每个团队成员代表不同国家或地区。这可以鼓励学生在协作中学习和尊重不同文化的观点与方式。项目可以涵盖各种主题，如国际市场分析、国际市场推广计划等。

（2）模拟国际企业会议

学生可以扮演不同国家或地区的商务代表，在模拟的国际企业会议中讨论合作机会、谈判合同等。这种活动可以鼓励学生在跨文化背景下进行商务谈判和协作，从中学到跨文化交际的技巧。

（3）文化交流展览

学校可以举办文化交流展览，让学生代表不同国家或地区展示和分享自己文化的特点。这有助于学生了解和尊重不同文化，同时提高他们的文化敏感性。

（4）模拟国际商务旅行

学生可以参与模拟的国际商务旅行，其中他们需要应对不同国家的文化和商务环境。这种活动可让学生体验到真实跨文化工作环境中的情景。

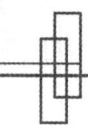

（4）虚拟多元文化项目

学生可以在虚拟多元文化项目中参与在线协作，与来自不同国家或地区的同事一起解决实际问题。这种形式的模拟有助于培养学生跨文化合作的技能。

通过模拟多元文化工作环境，学生可以实际体验跨文化交际的真实情景，从中学到适应不同文化的技巧和策略。这种实践有助于提高他们的跨文化交际能力，为实现将来的国际商务交流和跨文化合作做好准备。在这些模拟中，学生可以积累宝贵的经验，提高自己在多元文化工作环境中的能力。

第三节　职业导向下的商务英语教学的变革

在当今全球化和商业竞争激烈的背景下，商务英语的重要性日益凸显。为了培养适应职业发展需求的商务英语人才，商务英语教育必须经历一场深刻的变革。这一变革的核心是将商务英语教学聚焦职业导向，以满足学生在职业生涯发展过程中所需的知识和实际技能。

一、职业导向概述

（一）职业导向的内涵

职业导向是指在职业选择和职业发展过程中，个体所表现出的一种取向或倾向。它是个体在决定自己的职业道路和职业发展方向时所依据的一系列因素。这些因素包括个体的职业兴趣、职业技能、价值观以及个人生涯规划等。

职业导向在个体的职业决策和职业满意度中起着重要的作用。一个人的职业导向将直接影响他们对特定职业的吸引力和适应性，以及在该职业中的成就感和满足度。通过了解自己的职业导向，个体可以更好地选择适合自己的职业，并在职业生涯中实现个人目标。

职业导向的研究可以追溯到20世纪初的欧美地区，最早是在职业选择理论的背景下展开的。随着时间的推移，职业导向的研究逐渐演变为更加关注个体在职业生涯中的发展和转变。这种转变可以追溯到弗兰克·帕森斯的"人—环境相符理论"，他认为通过教育和指导，个体可以更好地了解自己的兴趣和所掌握的技能，并了解职业世界的实际情况，从而实现个体与其职业环境的最佳匹配。

在职业导向的研究中，出现了多种职业咨询理论和模型，如超人元素理论、生涯发展理论等。这些理论和模型都强调了职业导向的重要性，它们探讨了个体在职业选择和职业发展过程中所面临的各种因素和挑战，以及如何通过职业导向来解决这些问题。

在国外，职业导向的研究经历了从量化到质化、从静态到动态的发展过程。早期的研究主要采用问卷调查的方式，通过量化的方法来测量个体的职业导向。然而，现代的研究更多地使用访谈、观察等质性研究方法，从动态和发展的角度来探讨职业导向的形成与变化过程。这种转变使得我们能够更深入地理解职业导向的内涵，以及它是如何随着个体的成长和经历而发展和改变的。

总而言之，职业导向是个体在职业选择和职业发展过程中所表现出的一种取向或倾向。它涉及个体的职业兴趣、职业技能、价值观以及个人生涯规划等因素，对个体的职业决策和职业满意度具有重要影响。职业导向的研究逐渐演变为更加关注个体在职业生涯中的发展和转变，通过不同的理论和模型来解释与探讨职业导向的形成及变化过程。

（二）职业导向的重要性

职业导向对个体的职业选择、职业满意度、职业发展规划以及职业适应性和成就感都具有重要影响。了解和尊重自己的职业导向，可以帮助个体做出明智的职业决策，提高职业满意度，并在职业生涯中实现个人的目标。

1.职业导向可以为个体提供指导和参考，帮助他们在众多职业中做出明智的选择

职业导向可以帮助个体了解自己的职业兴趣、价值观和所掌握的技能，从而更好地匹配到适合自己的职业。通过了解自己的职业导向，个体可以避免盲目从众或受他人影响而做出不合适的职业选择。

2.职业导向可以增强个体在职业中的满意度密

当个体选择了与自己职业导向相匹配的职业时，他们更有可能感到满意和充实。相反，如果个体选择了与自己职业导向不符的职业，他们可能就会感到失落、不满足甚至焦虑。因此，了解自己的职业导向有助于个体选择能够满足其需求和价值观的职业，提高其职业满意度和幸福感。

3.职业导向可以影响个体的职业发展规划

通过了解自己的职业导向，个体可以制订明确的职业目标和规划，并采取相应的行动来实现这些目标。职业导向可以帮助个体意识到自己在职业发展中的优势和短板，从而有针对性地提升自己的职业技能和知识水平，为未来的职业发展做好准备。

3.职业导向增加个体在所选职业中的适应性，进而提高个体成就感

当个体选择了与自己职业导向相符的职业时，他们更有可能适应职业环境和工作要求，从而获得更好的工作表现和职业成就。职业导向可以帮助个体找到与自己能力和兴趣相匹配的工作，提高工作效能和成就感。

二、职业导向与商务英语教学的关系

（一）商务英语教学的性质与职业导向理论相契合

商务英语作为一个职业化的英语分支，它的教学目标具有明显的职业化导向。具体来说，商务英语教学面向学生未来的职业发展，主要体现在以下几个方面的特点。

1.教学内容上的职业导向

在教学内容上，商务英语的职业导向要求根据学生未来的职业方向，如销售、客户服

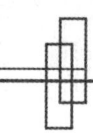

务、采购、外贸等，设计个性化的课程，以传授他们所需的专业知识和英语交际技能。这意味着教材内容应当直接关联到实际商务活动，包括各种职场情景和专业用语，为学生提供与其未来职业相关的实际背景。

2.教学方法上的职业导向

在教学方法方面，商务英语的职业导向鼓励教师采用案例教学法、项目教学法和模拟仿真等方法，以创造真实或近似的商务情景，帮助学生锻炼实际职业技能。通过角色扮演、情景对话、商务口语演讲等交际活动，学生可以积累实际的商务交际经验，这将为他们未来的职业生涯发展提供支持。

3.教学过程中的职业体验

商务英语的职业导向注重在教学过程中为学生提供职业体验。这可以通过企业访问、项目观摩以及商业案例分析等活动来实现。学生将能够亲身感受商业环境，了解前沿的商业知识和趋势。通过邀请企业专家授课或提供项目反馈，可以提高教学的职业针对性，使学生更好地理解实际职业要求。

4.职业素养的培养

商务英语教育致力于培养学生的职业素养，包括团队合作精神、钻研精神、应变能力等职业品质。通过商务礼仪和商务文化的培训，学生可以更好地适应不同文化环境，同时强调培养职业道德观和跨文化意识，使学生在商务领域表现出更高的职业道德和文化敏感性。

5.教学评价的职业导向

在教学评价方面，商务英语的职业导向强调评价学生的商务口语交际能力、商务案例分析和处理能力等职业技能。评价方法多样，包括项目汇报、情景模拟、角色扮演等形成性评价方式，而不仅限于对语言知识点的测试。这有助于学生更好地准备并展示他们在实际职业环境中所需的技能。

6.教师队伍的职业化

商务英语教师需要不仅拥有良好的语言技能，还应具备商业知识，以便更好地指导学生。此外，教师最好具备实际的商界从业经验，或者与企业有紧密的联系，以确保教学的职业性，帮助学生更好地为未来的职业发展做好准备。

（二）职业导向在商务英语教学中的重要性

1.提高学习的针对性和实用性

商务英语的职业导向将学习内容与实际职业需求直接联系起来。这意味着学生获得的语言技能不是仅仅为了通过考试，而是为了在实际工作中更有效地应用。这种实用性使学生在职场中更有自信，因为他们已经学会了在实际工作情景中有效地与同事和客户交流。

2.增强学生的学习动机

职业导向的教学能够激发学生的学习动机。当学生意识到所学的内容直接与他们的未来职业目标相关时，他们更有动力去学习，因为他们知道这将有助于他们的职业发展。这

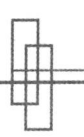

种学习动机可能会促使他们更加专注和努力地学习商务英语。

3.提升学生的就业竞争力

在竞争激烈的就业市场中，掌握商务英语技能是一项巨大的优势。通过职业导向的教学，学生将能够掌握实际的职业技能，这将使他们在求职过程中更具竞争力。他们不仅能够用流利的英语进行沟通，还能够处理与商务相关的任务，如撰写专业邮件、参与商务会议等。

4.满足社会和经济需求

随着全球化的不断发展，英语已成为国际商务交流的通用语言。企业和组织需要员工具备良好的商务英语能力，以便开展国际业务。职业导向的商务英语教学可以更好地满足这一社会和经济需求，为国家和企业培养具备实际技能的员工。

5.培养全球公民

职业导向的商务英语教学不仅着眼于语言技能，还强调跨文化意识和跨文化交际能力的培养。学生将学习如何在不同文化环境中进行有效交流，这有助于培养全球公民意识，使他们能够更好地理解和尊重不同文化之间的差异。

总的来说，职业导向在英语教学中的重要性不言而喻，它可以帮助学生提升语言技能，提高就业竞争力，同时有利于满足社会和经济的需求。

三、职业导向下的商务英语教学变革

（一）以社会需求调整商务英语教学目标

首先，进行广泛的行业研究，以了解不同领域的商务英语需求。不同行业具有不同的特点，如金融领域可能需要更强调专业术语和法规知识，而市场营销可能更侧重于市场分析和客户沟通。通过详细的行业研究，可以确定各行业的核心职业能力需求。

其次，进行就业市场分析，以确定不同职位的需求。这包括哪些技能和知识在招聘市场上具有竞争力。招聘广告、企业招聘需求和行业趋势分析都可以提供宝贵的信息。例如，一些公司可能要求应聘者精通国际贸易法规，而另一些公司可能更看重应聘者对营销策略的掌握。

基于社会需求的分析结果，制定具体的能力培养目标。这些能力目标应包括口语交流、商务写作、跨文化沟通、商务谈判等方面。通过明确这些能力目标，可以确保商务英语课程和教学方法能够培养学生所需的职业能力。

（二）以岗位需求设计商务英语课程体系

商务英语课程体系的设计至关重要，它直接影响着培养商务英语人才的质量。当前，大学中的商务英语课程体系存在一些问题，其中一些采取简单化的方式构建，如将英语语言课程与汉语商务知识课程简单组合，导致学生在语言和商务知识方面的培养失衡。另一些采用分离的方式，即英语语言和商务知识课程相互独立，不能满足学生的综合需求。有

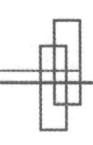

些课程内容还存在与中国国情不符、过于注重西方文化和非实用主题等问题。

课程内容方面，以前的商务英语课程主要涵盖西方文化、校园生活、科技和体育娱乐等主题，但与学生未来的职业发展联系较少，缺乏实际应用性。因此，课程内容应更紧密地与学生未来的职业岗位相关，以满足企业的需求。为了达到这个目标，应积极进行市场调研，咨询企业专家的意见，听取毕业生的反馈，了解企业对商务英语专业毕业生在知识、能力和综合素质方面的需求。只有这样，教师才能够不断更新和丰富课程内容，确保学生具备高质量的职业能力，提高他们在就业市场中的竞争力。

（三）以商务英语职业标准改革教学模式和评价体系

商务英语教育的质量和实际效果需要以明确的职业标准为基础，这一标准将直接影响教学模式和评价体系的设计。

首先，商务英语教育应建立明确的职业标准框架。这个框架可以参考国际公认的职业标准，以确保学生获得的知识和技能与国际商务领域的标准一致。这些标准应包括各种能力目标，如口语交流、商务写作、跨文化沟通等。这将有助于将商务英语教育与实际职业需求对齐，确保学生毕业后具备所需的职业能力。

其次，为了衡量学生是否达到了职业标准的要求，应将职业才能测试纳入教育的评价体系。这些测试可以包括口语面试、商务写作测试、商业案例分析等，以检验学生在不同职位类型下的能力表现。这有助于确保学生的教育成果与实际职业要求相匹配，提高毕业生的职业竞争力。

最后，商务英语教育应与行业的发展保持同步，不断更新职业标准和评价指标。行业标准随着时间的推移可能会有变化，因此必须定期审查和更新教育内容与评价方法，以确保教育体系与市场需求保持一致。学校可以与企业、行业协会合作，获取实时的反馈和建议，以便及时调整课程内容和教学方法。

（四）建立校企合作下的实训体系

校企合作在商务英语教育中扮演着至关重要的角色，它能够为学生提供实际工作经验和职业指导，实现教育机构、学生和企业之间的互利共赢。这一实训体系在商务英语教学中可以分为校内和校外两个部分，每个部分都存在其独特的价值和机会。

在校内，学校可以开设职业模拟课程，这些课程旨在模拟真实商务环境，使学生能够在安全的学术环境中培养实际的商务技能，包括商业会议、客户沟通、商务谈判等模拟情境。学生可以扮演不同的职业角色，从而培养实际工作所需的技能和沟通能力。这种校内实训有助于学生更好地理解商务英语的实际应用，并为将来的职业发展做好准备。

在校外，与企业建立合作协议，为学生提供实际实习机会是另一个重要的方面。这些校外实习可以包括在企业参与产品研发、市场调研、国际贸易活动等方面。在实际工作环境中，学生将能够将他们在课堂上学到的知识应用到实际工作中。这不仅可以增加他们的实际经验，还有助于建立职业关系，提高他们的职业竞争力。

另外，与企业的合作还可以提供职业指导的机会。学校可以组织企业导师、行业专家等来为学生提供指导和建议，帮助他们更好地了解未来职业岗位的要求，规划职业生涯，解决职业发展中的问题。这种指导有助于学生更好地适应职业领域的需求，提高他们的职业自信心。

综合来看，建立校企合作下的实训体系是提高商务英语教育质量的关键一环。校内实训和校外实习相辅相成，使学生能够在安全的学术环境和实际工作环境中培养实际商务技能。另外，与企业的合作也为学生提供了宝贵的职业指导和就业机会，同时有助于企业寻找具备其所需技能的毕业生，实现了双方的共赢。这种合作关系不仅有益于学生，也有助于教育机构更好地了解实际职业市场的需求，使教育更加贴近实际。这一实训体系有助于培养高素质的商务英语人才，提高他们在就业市场中的竞争力。

（五）按照职业能力培养要求建设商务英语师资团队

目前，商务英语教育领域存在一个普遍问题，即大多数商务英语教师来自普通高校英语教育或英语语言类专业的毕业生。这些教师在商务知识和行业从业经验方面相对薄弱，导致他们过于注重英语语言教学，却未能提供足够的专业实践指导。例如，一些原本教授大学英语的教师尽管经过自学后尝试授课商务英语写作或商务会话等课程，却因缺乏扎实的外贸知识基础，导致学生无法获取必要的商务专业知识。这不仅仅是教师教学能力问题，更是关系到学生未来职业发展的问题。

为了解决这个问题，学校需要按照职业能力培养的要求，积极加强师资队伍的建设，确保教师具备胜任英语语言教学、商务专业理论教学和技能培训的综合能力。这可以通过以下几个途径实现。

首先，学校可以为专任教师创造更多的机会，使他们有机会亲身体验商务实践。这包括与企业建立紧密联系，让教师有机会到外贸企业进行顶岗实践或接受业务培训。通过在实际工作中积累更多的专业实践经验，教师将能够提高自身的实践教学和指导能力，将实际案例和行业见解引入教室。

其次，建立一个兼职教师资源库，聘任那些具有丰富实践经验的企业从业人员，特别是拥有中高级职称的人员，担任兼职教师。这将使专任教师和兼职教师形成优势互补，通过实际工作中的经验分享，可以为学生提供更丰富的商务知识和实际案例。这也有助于学生更好地理解并应用商务英语的相关知识。

总之，加强商务英语教师队伍的建设是提高商务英语教育质量的关键一步。通过培训和实践，教师可以增加其商务知识和实践经验，从而更好地满足学生的职业发展需求。通过与企业合作，学校可以确保商务英语课程更加贴近实际，为学生提供更有实用价值的教育。这种教师队伍建设不仅有益于学生，也有助于提升商务英语教育的整体质量。

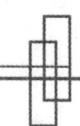

第四节　学生需求对商务英语教学的影响

在商务英语教学中，了解并满足学生的需求是提高教学质量和学习效果的关键。学生需求研究不仅是一项重要的教育活动，还是一个深刻的教育哲学，它涉及需求分析理论、马斯洛需求层次理论以及学习动机与学生需求的关系。本节将介绍学生需求研究的理论框架，强调需求分析在商务英语教学中的作用，分析学生商务英语学习的现状以及探讨如何基于学生需求来开展商务英语教学，以更好地满足学生的学业和个人需求，提高他们的学习效果。

一、学生需求研究的理论框架

（一）需求分析理论

需求分析是对学习者学习需求进行系统性调查和分析，以确定教学的目标、内容与方法。它源自语言教学领域，后来被延伸应用于各类教育教学中。

"需求分析"一词最早见于 20 世纪 20 年代末期，当时主要指针对移民进行的英语水平测试。20 世纪 60 年代，语言学家开始关注语言学习者的需求，并进行有针对性的英语课程设计，这被认为是需求分析理论的萌芽。1976 年，著名语言学家马柏正式提出了"需求分析"的概念。他认为需求分析是确定一个语言学习者在专业领域使用语言的需求的过程。这标志着需求分析理论的形成。80 年代中期，哈钦森和沃特斯在其合著的论文中进一步阐述了需求分析的理论内涵。他们认为需求分析应该考察学习者学习语言的原因及其学习过程中的各种需求。

因为角度和情境的不同，国内外的专家学者对需求分析给出了不同的定义，如蒙特福德指出，需求是社会环境和社会机制认为外语学习者应该掌握的内容，强调了社会对特定英语内容的期望。肯普将需求视为"指望得到的东西和现存状况之间的差距"，这反映了社会与学习者现状之间的差距。伯威克关注学习者个人期望从外语课堂中获取的知识，提出"期望与渴求"的个人需求，强调了学习者的个体意愿。Robinson 将需求定义为"欠缺与不足"，即学生在学习和使用英语中所不知道或不会做的事，突出了个人学习者的不足。冯惠民认为需求是"人体对内外环境客观要求的反应"，表现为缺失状态和个性倾向性，结合了社会和个人需求的元素。束定芳将需求分为社会需求和个人需求，其中社会需求主要指社会和用人单位对外语能力的需求。

综合上述学者对需求分析所给的定义，我们认为需求分析的目的是了解学习者的背景、目标、现实需求和期望，以便根据这些信息来制定教学计划和教学方法。它可以通过各种方法进行，包括问卷调查、访谈、观察和评估等。通过需求分析，教师可以更好地了解学习者的特点和需求，从而根据学习者的背景和目标来确定教学内容、教学方法和评估方式。

需求分析理论强调了学习者的中心地位，将教学过程从以教师为中心转变为以学习者为中心。它认为每个学习者都是独特的，其学习需求和目标可能存在差异。因此，教师需要通过需求分析来获取学习者的个性化信息，以便为他们提供更有效和有针对性的教学。这样可以激发学习者的学习动机和提高其满意度，并增加他们在学习过程中的积极参与和成就感。

（二）马斯洛需求层次理论

马斯洛的需求层次理论是一种心理学理论，由美国心理学家亚伯拉罕·马斯洛于20世纪40年代和50年代提出。该理论提出了人类需求的层次结构，通常以金字塔形式表示，以显示各种需求之间的层次和关联。这个理论强调了人们在满足更基本需求之前，必须先满足更高级别的需求，侧重人类的动机和自我实现。

马斯洛的需求层次理论包括以下五个层次，从基本的生存需求到更高级的自我实现需求。

（1）生理需求：这是金字塔底层，包括生存所必需的基本需求，如食物、水、空气、睡眠和性。只有在这些需求得到满足时，人们才能考虑更高级别的需求。

（2）安全需求：一旦生理需求得到满足，人们就开始追求安全和稳定性。这包括安全的住所、稳定的工作、金融安全、健康等。人们渴望避免危险和不确定性，寻求稳定和安全感。

（3）社交需求：社交需求出现在金字塔的中间层。这包括与他人建立关系、友情、爱情和社交联系。人际关系和社会接触对满足这些需求至关重要。

（4）尊重和自尊需求：这一层次包括对个人价值和尊重的需求，以及实现自尊心和自我价值感，包括个人成就、尊重、认可、自信和自尊。

（5）自我实现需求：这是金字塔的顶层，代表着人类最高级别的需求。自我实现需求包括追求个人潜力的愿望，实现自我、发展才能、创造性表达和成长。

需要注意的是，马斯洛认为人们通常会按照金字塔结构逐级满足这些需求。只有较低级别的需求得到满足，个体才会关注更高级别的需求。此外，不同文化和个体可能在需求层次的满足方式和程度上有所不同。

马斯洛的需求层次理论提供了关于学习者需求的深刻见解，强调学习者的内在需求和动机。通过考虑学生在需求层次中的位置，教育者可以制定更具针对性的教学策略，以满足他们的需求，激发其学习动机，并创造更有成效的学习环境。这有助于培养能够在商务环境中成功应对各种挑战的学生。同时，理解学生的需求还可以改善教育体验，增加学习者的满意度和学术成就。

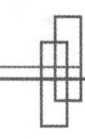

（三）学习动机与学生需求的关系

学习动机是指激发、维持并引导学习行为的内部动力和心理过程。它是一个复杂而关键的概念，对理解学生在学习过程中的行为和表现非常重要。

学习动机与需求之间存在紧密的关系。学习动机通常可以被视为满足个体内部需求的一种手段，因此理解需求如何影响学习动机对于教育和心理学非常重要。

1.需求作为动机的触发器

需求是个体在生理、心理和社交层面上的基本要求。这些需求包括生存需求（如食物、水、庇护等）、心理需求（如尊重、认可、自我实现等）以及社交需求（如友情、社交关系等）。这些需求可以激发学习动机。例如，渴望找到一份好工作可能会激发一个人去追求相关的学业和职业培训的热情。

2.满足需求作为学习动机的目标

学习可以被视为一种满足特定需求的手段。例如，学生可能通过获取知识和技能来满足他们的职业需求，提高自己的生存水平或满足自我实现的需求。因此，满足这些需求可以成为激发其学习动机的动力。

3.需求不满导致动机

如果个体的需求没有得到满足，他们可能就会感到不满和不满足。这种不满可能激发学习动机，以获取必要的知识和技能来改善他们的状况。例如，如果一个人的失业状况可能会激发他去学习新的职业技能，以满足他的生计需求。

4.需求满足提高学习动机

满足个体的基本需求通常会增强他们的学习动机。当个体感到安全、受尊重、社交联系良好时，他们更有可能积极参与学习活动，因为他们的心理需求会由此得到满足。

二、需求分析在商务英语教学中的作用

在商务英语教学中，需求分析具有重要的作用。

（一）确定教学目标

商务英语教学的目标通常是培养学习者在商业环境中进行有效沟通和交流的能力。通过需求分析，可以了解学习者的背景、职业需求和学习目标，从而确定教学目标，并使教学内容和活动与学习者的实际需求相匹配。

（二）进行个性化教学

商务英语学习者的背景和职业需求差异很大。通过需求分析，教师可以了解学习者的专业领域、工作场景和沟通需求，进而进行个性化的教学设计。根据学习者的需求，可以选择相关的教材、案例和活动，使学习内容更贴近实际应用，提高学习者的学习动机和效果。

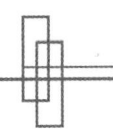

（三）教学资源的选择

商务英语教学需要使用各种教学资源，如教材、多媒体资料、商务文档等。通过需求分析，可以确定学习者对不同资源的需求和偏好，以便选择和设计适合的教学资源，提供丰富多样的学习材料，以满足学习者的需求。

（四）教学方法和评估方式的选择

需求分析可以为教师提供了解学习者的学习风格和偏好的机会。在商务英语教学中，教师可以根据学习者的需求选择合适的教学方法，如案例分析、角色扮演、商务会谈模拟等，以提高学习者的实践能力和沟通技巧。此外，需求分析还可以帮助教师选择适当的评估方式，以确保学习者的学习成果能够得到准确评估。

三、学生商务英语学习需求现状

学生商务英语学习需求的现状涵盖以下几个方面。

（一）学习者的个体愿望

个体愿望是指个人内心的愿望、渴望、目标或意愿，通常涉及个体希望实现的某种目标、成就或满足某种需求。这些愿望通常是基于个体的个人价值观、兴趣、理想、目标和需求，它们可以反映个体在生活和职业方面的期望和渴望。个体愿望驱动着个体去追求自己认为重要和有意义的事物。这些愿望可以在个人生活中起到积极的激励作用，帮助个体克服困难、追求成功和实现满足感。

在商务英语学习中，学习者的个体愿望扮演着重要的角色，这些愿望可以显著影响他们的学习动机和学业成就。

1. 职业发展愿望

大多数学生学习商务英语的主要愿望之一是为了他们未来的职业发展。他们希望通过掌握商务英语技能，能够在各种商业领域中找到好工作，并提高自己的就业竞争力。这种愿望可以源自他们对特定职业或行业的兴趣，或对未来职业机会的认识。这些学生相信，掌握商务英语将使他们能够更好地与商业领域的雇主和同事进行有效的沟通，理解商务文件和交流，并在职场中取得成功。

2. 国际化愿望

现代商业领域越来越国际化，学生希望能够与国际合作伙伴进行更好的沟通，拓宽他们的职业范围。他们认识到，商务英语是国际商业交往的通用语言，因此学习商务英语可以帮助他们更好地参与国际贸易、进入全球市场或跨国公司。这个愿望反映了他们对跨文化交流和国际商务机会的渴望，以便在全球化时代取得成功。

3. 自我提高愿望

一些学生可能对提高自己的语言技能和综合素质有强烈的兴趣。他们的愿望在于通过学习商务英语来提高自己的知识水平和技能，无论是否与特定职业或职位相关。他们认识到，语言是一种重要的综合素质，可以提高他们的自信心、自我表达能力和思维能力。这种愿望可能源自对知识的热爱，以及对不断学习和自我提高的追求。

这些个体愿望表明，学习商务英语对学生来说不仅仅是为了应付课程要求，更是为了实现职业目标、追求国际化工作机会和提高个人综合素质。理解这些愿望有助于教育者更好地满足学生的需求，激发他们的学习动机，并提供与他们的愿望紧密相关的商务英语教育。

（二）对学习方法的需求

因为不同的学生有不同的学习偏好和生活情况，所以他们对学习方法的需求也各不相同。

1.灵活的学习方式

大学生通常面临着繁忙的课业和社会活动，他们需要一种灵活的学习方式，以适应他们的日常生活。他们希望能够通过互联网获得学习资源和课程材料，这样他们可以在自己的时间和地点学习。在线学习使学生可以更好地安排学习时间，同时可以减轻面对面课程的时间冲突。一些学生更喜欢自主学习，他们希望能够根据自己的学习节奏和兴趣自主选择学习内容。这要求教育机构提供学习资源和指导，以支持自主学习的学生。

2.实际应用的机会

学生希望能够将所学的商务英语知识和技能应用于实际商务环境中，以便锻炼和强化他们的实际能力。大部分学生表示需要有机会参加实践课程，这些课程可以模拟真实商务场景，让学生练习商务会话、写商业文件和进行商务演讲等。还有一些学生希望企业能提供实习机会，让他们在真实的商务组织中工作，与专业人士互动，积累实际经验。另外，也可以在商务英语教学过程中，进行模拟商务活动，如商务会议、商务洽谈、商务展览等，可以帮助学生应用他们的商务英语技能，从而提高他们的实际应用能力。

3.反馈和评估

学生需要及时的反馈和评估，以便了解他们的学习进展并做出改进，如提供定期的测验和考试，以帮助学生了解他们的学术水平，同时提供教师和学生反馈。教师可以为学生提供个性化的评估和建议，以帮助他们改进语言技能和学习方法。

总之，学生的需求在学习方法方面涵盖了多个层面，包括学习方式的灵活性、实际应用的机会和反馈机制。教育机构和教师需要根据学生的需求提供多样化的学习机会和支持，以帮助学生更好地掌握商务英语。

（三）对学习资源的需求

学生对学习资源的需求在商务英语学习中起着重要作用，因为这些资源可以丰富他们的学习经验、增强他们的语言技能，同时帮助他们更好地理解商务语境。

1.丰富的学习材料

学生需要多样化的学习资源，以提供各种学习和练习的机会，包括以下几个方面。

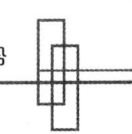

（1）高质量的商务英语教材可以为学生提供有组织的学习材料，涵盖听、说、读、写、译等语言技能，以便他们系统地学习商务英语。

（2）多媒体资源如音频、视频和互动课程可以帮助学生提高听力和口语技能，并提供真实商务交流的模拟。

（3）商务英语期刊可以帮助学生跟踪商业和行业趋势，提供实际商务文本供阅读，并提高商务词汇的掌握。

（4）分析真实的商业案例可以帮助学生了解商业决策、商务交流和解决问题的技能，同时提供实际的语言练习。

2.语言实验室和技术支持

学生需要访问语言实验室和获得技术支持，以便进行语言学习、模拟商务通信和翻译练习。这包括以下几个方面内容。

（1）语言实验室可以提供语音和发音练习的机会，同时可以录制和评估学生的口语表现。

（2）计算机和互联网资源：学生需要访问计算机和互联网，以获取在线学习资源、电子词典、在线翻译工具和电子邮件等，以便进行商务通信和翻译实践。

这些学习资源可以为学生提供全面的商务英语教育，同时满足他们的多样化需求，帮助他们掌握语言技能、理解商业文化和实际应用商务英语。教育机构和教师应努力提供这些资源，以支持学生的学习和发展。

（四）个性化学习需求

个性化学习是一种根据每个学生的独特需求、学习风格和兴趣，为他们提供个性化的学习体验的教育方法。这种教育方法将学生置于学习的中心，以满足他们的个体差异，使他们能够更有效地学习和实现学业目标。

个性化学习首先考虑每个学生的学习需求，包括他们的学术水平、兴趣、弱点和强项。教育者会根据这些需求来制订个性化的学习计划。它允许学生选择或定制适合他们的学习路径，包括选择特定的课程、学习材料和学习方法，以满足他们的学术目标。在个性化学习中，学生通常被鼓励更多地参与自主学习。他们可以自主决定学习的速度、时间和地点，以及选择学习资源。

学生之所以有个性化学习的需求是因为他们是一个多样化的群体，他们拥有不同的学业水平和能力，不同的学习兴趣和风格，不同的职业目标和愿景，甚至每个学生对知识的理解力、学科偏好和学习速度也是不同的，个性化学习可以根据这些差异提供支持和资源，确保每个学生都能够充分发挥自己的潜力。

对商务英语的学习，一些学生更喜欢自主学习，他们喜欢根据自己的兴趣和需求制订学习计划，选择适合他们的学习材料。有些学生可能希望学习与其未来职业发展相关的特定商务英语技能。这意味着课程需要根据不同行业和职业的要求进行定制。因此学校和教师应努力满足不同学生的需求，提供更灵活的、个性化的学习方式。

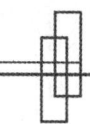

四、基于学生需求的商务英语教学

基于学生需求的商务英语教学要以学生为中心，满足学生的学术和个人需求，提高他们的学习效果和满意度。

（一）转变教学理念——学生本位

传统的教育方法通常以教师为中心，而基于学生需求的商务英语教学强调将学生置于教育过程的中心地位。这需要教师转变教学理念，更加关注学生的需求和兴趣。教师应该了解每个学生的学业水平、兴趣和学习风格，以便制订个性化的教学计划，包括与学生建立紧密的联系，鼓励他们提出问题和建议，并积极响应他们的反馈。学生本位的教学方法有助于激发学生的学习动机和提高其参与度，使他们更积极地参与课堂活动和学习过程。

（二）实施分层次教学

分层次教学是一种根据学生的学术水平和需求将他们分为不同层次或小组的方法。在商务英语教学中，这意味着学生将根据他们的英语水平和专业需求进行分组。高水平学生可以参加更具挑战性的课程，而低水平学生可以获得更多的支持和辅导。这种差异化的教学方法可以更好地满足不同学生的需求，确保每个学生都能够在适合他们的水平上学习。

（三）教学手段多样化

多样化的教学手段是基于学生需求的商务英语教学的重要组成部分。教师应该使用多种教学方法，包括讲座、小组讨论、案例分析、项目工作、多媒体资源和实践活动。这有助于满足不同学生的学习风格和需求。例如，口语能力强的学生可以受益于口语训练和角色扮演活动，而写作能力强的学生可以从研究和写作任务中受益。多样化的教学手段可以增加学生的参与度和兴趣，使他们更深入地学习商务英语内容。

（四）动态的评估体系

动态的评估体系是为了确保学生的学术和个人需求得到满足。教师应该定期评估学生的学术进展，并提供个性化的反馈。这有助于学生了解自己的强项和弱点，以及需要改进的领域。同时，教师可以根据学生的表现调整教学计划，以满足他们的需求。另外，学生还可以参与自我评估和设定学习目标，以更好地管理自己的学习过程。

综上所述，基于学生需求的商务英语教学需要教师将学生置于教育过程的中心，实施分层次教学，使用多样化的教学手段，并建立动态的评估体系。这种方法有助于提高学生的学习效果，满足他们的学业和个人需求，培养他们的商务英语技能，以适应未来职业发展需求。

第三章 商务英语教学的创新方法与实践

第一节 基于任务教学法的商务英语教学

多年来，我国的商务英语教学一直侧重传统的课堂教学方式，这种方式通常以教师为核心，依赖教材，且教学过程呈现出一种固定模式，其中教师主讲，学生被动聆听，随后进行题目练习、答疑，再记忆和模仿教师示范的内容。然而，这种传统教学法存在一系列问题，学习目标模糊，教师负担重，学生缺乏积极性，因为教学方式缺乏趣味和互动性。

在这一背景下，任务教学法应运而生，它旨在改善这些问题。任务教学法鼓励学生通过解决实际问题和完成实际任务来学习，使他们更加投入学习过程，因为他们了解到所学将直接应用于实际情境。这种方法还能够激发学生的兴趣，提高他们的学习积极性，鼓励他们更主动地探索和学习英语。更重要的是，任务教学法有望帮助学生更好地适应未来职业发展的需求，确保他们所学的知识、技能和综合素质与实际工作要求高度契合。因此，任务教学法被认为是一种更符合现实需要的教学方法，使学习与职业需求更加紧密结合。

一、任务教学法的定义与基本模式

（一）任务教学法的定义

任务教学法（Task-Based Language Teaching，简称 TBLT）是一种以任务为中心的语言教学方法，旨在让学生通过实际任务解决问题，学习并应用目标语言，而不仅仅是为了学习语言本身。

在任务教学法中，任务指的是学生需要在特定情境下完成的具体目标导向的语言活动。它具有以下特征。

1.具体性

任务是具体而明确的语言活动，通常以一项具体的目标为基础。这个目标可以是任何需要使用目标语言来完成的任务，如讨论一个话题、解决一个问题、制订一个计划、演示一个主题或完成一项项目。任务的目标性质使学生明白他们需要在任务中达成什么。

2.目标导向

任务是为了达到特定的语言学习目标而设计的。这些目标可以包括语法、词汇、发音、交际策略等。通过任务，学生可以锻炼和应用这些语言技能，以满足实际需求。

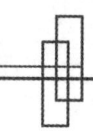

3. 情境化

任务通常反映真实生活情境，以便学生能够在学习中模拟真实的交际场景。这有助于学生更好地理解语言在实际生活中的应用，并提高他们在这些情境下的语言技能。例如，可以设计一个任务，要求学生在餐厅中点餐和交流。

4. 交际性

任务鼓励学生在实际交际中使用语言，而不仅仅是进行机械的语法练习。这有助于提高学生的交际能力，使他们更好地应对日常生活和工作中的语言需求。

5. 挑战性

任务应该具有一定的挑战性，以鼓励学生思考、解决问题和应用语言技能。这有助于激发学生的兴趣和动机，使他们更深入地参与学习。

（二）任务教学法的基本模式

英国语言学家简·威利斯在她的专著中提出任务教学法的一个基本模式，帮助教师和研究者了解任务型教学的不同阶段和关键要素。这个模式可以概括为以下几个要点。

1. 前任务阶段

前任务阶段旨在为学习者在执行任务时提供必要的语言输入和信息，以确保他们能够更好地理解和成功完成任务。在这个阶段，教师或教材通常会向学生提供与任务相关的信息，这可以是文本、图片、音频或视频等。这些信息帮助学生熟悉任务的话题和情境，并激活他们的背景知识。这有助于建立任务的语言和信息基础，可以为学生提供一个有益的上下文。

在前任务阶段，教师可以引入与任务相关的关键词汇和语法结构，这些词汇和语法有助于学生更好地理解和参与任务，因为它们通常是任务执行所需的关键元素。教师可以提供示例句子或解释词汇的用法，以确保学生能够正确使用它们。另外，教师还可以尝试激活学生已有的背景知识，使他们能够将任务与已知信息联系起来。这有助于学生更好地理解任务的上下文，并增强他们的任务准备能力。

前任务阶段可以包括讨论和提问，以激发学生对任务话题的兴趣，并提高他们的交际能力。教师可以鼓励学生积极参与讨论，分享他们的看法和疑虑，从而更好地理解任务要求。

为了帮助学生更好地融入任务情境，教师可以尝试营造一些情境或角色扮演活动，使学生更容易理解和模拟真实生活中的情境。这样，学生在执行任务时会更加自信和自如。

总之，前任务阶段的目标是为任务建立一个有益的语言和信息基础，以便学生更好地理解任务的背景和目标，并在任务执行中更自信地运用目标语言。这一阶段的成功实施对提高任务教学法的效果至关重要，因为它可以为学生提供任务执行所需的支持和准备。

2. 任务环阶段

任务环阶段是任务教学法的核心，分为任务、计划和报告三个主要环节。这个阶段通常以小组形式完成任务，学生在此过程中自然地运用目标语言进行交流。

（1）任务阶段

任务阶段是任务教学法的高潮，它是整个过程中的核心部分。在这个阶段，学生按照任务的具体要求，以小组形式合作完成任务。任务可以涉及各种活动，如讨论一个话题、解决一个问题、制订一个计划、演示一个主题或完成一个项目等。学生需要使用目标语言来实现任务的目标，这有助于提高他们的交际能力和语言运用能力。在任务执行中，学生通常会遇到各种语言挑战，这迫使他们积极运用语言来完成任务。

（2）计划阶段

在任务环节的任务阶段之前或期间，学生通常会经历一个计划阶段。在这个阶段，学生讨论如何最好地完成任务，制订计划，并分配任务。计划阶段有助于学生组织思维，明确目标，准备所需的语言和信息。这个阶段逐渐引导学生开始关注语言的准确性，因为他们需要有效地沟通计划和分工，以确保任务的成功完成。

（3）报告阶段

任务完成后，学生通常需要向全班进行简要报告。这个阶段鼓励学生使用正式、清晰的语言，以向其他学生介绍他们的任务成果。报告可以包括总结、结论、建议等内容，根据任务的性质而异。这有助于学生展示他们的语言运用能力，同时让其他学生分享和学习不同小组的成果。

任务环阶段的关键在于学生在实际任务中运用目标语言进行交流，这有助于提高他们的语言技能和交际能力。同时，任务环节的不同阶段（任务、计划、报告）有助于培养学生的组织能力、批判性思维和语言意识。这一过程是任务教学法的核心，使学生在有趣的情境中学习和应用语言，增强他们的语言实际能力。

3.语言焦点阶段

语言焦点阶段紧随任务环阶段，在学生已经完成任务后进行。这个阶段旨在进一步巩固和拓展学生的语言知识与能力，分为分析和练习两个小阶段。

在分析阶段，学习者被鼓励仔细观察、概括和归纳任务中涉及的语言规则。这包括语法、词汇、发音和交际策略等方面。学生回顾任务执行过程中的语言使用，试图理解和总结所使用的语言元素。这有助于学生更深入地了解语言的结构和功能，提高语言的意识水平。

在练习阶段，语言焦点转向对语言准确性的练习。学生通过练习活动来巩固和应用他们在任务中学到的语言知识。这可以包括语法练习、词汇练习、发音练习以及模拟真实情境的对话或角色扮演。练习阶段的目标是让学生更加自信和熟练地使用任务中涉及的语言元素。

语言焦点阶段的重点是深化学生对语言的理解，同时提高他们的语言准确性。这一阶段有助于巩固在任务环阶段获得的语言经验，并使学生能够更好地应对日常生活和工作中的语言需求。任务教学法通过将任务和语言焦点结合起来，旨在使语言学习更加实际、有趣和有效。

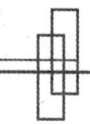

二、任务教学法的理论依据

（一）语言学的理论基础

1. 社会语言学

社会语言学是一门在20世纪60年代兴起的学科，它强调语言的社会交际功能是语言最重要的方面。社会语言学认为语言不仅仅是一种抽象的符号系统，它更像是社会中的符号，其含义和使用受到社会和文化环境的影响。这种观点强调了语言的社会性质，认为语言的主要目的是用于社交交际。

社会语言学引入语言能力和语言运用的概念，强调人们不仅需要构建符合语法规则的句子，还需要学习如何在实际社会中使用语言。这一观点为交际教学法的兴起提供了基础，这一方法将语言学习与实际交际结合在一起，认为语言的主要目标是有效地与他人交流。

任务型语言教学是交际教学法的一种变体，特别强调了语言的意义和实际应用。在任务型语言教学中，学生通过完成实际任务来学习语言，这有助于他们在真实社交情境中使用语言。因此，社会语言学和任务型语言教学都强调语言的社会性质和实际应用，使语言学习更加有意义和实用。

总的来说，这些方法改变了传统的语言教学方式，将重点从语法规则转移到了语言的社会功能和实际意义，从而使学习者更能够在实际生活中自如地运用语言。

2. 系统功能语言学

系统功能语言学是20世纪最重要的语言学理论之一，对语言教育产生了深远影响。它与传统的语言学理论，如以乔姆斯基的转换生成语言学为代表的理论不同，强调语言的社会功能和意义。该理论认为，语言不仅仅是一系列独立的句子，还是一种用于建立和维系社会关系的工具。语言的使用反映了说话者的文化背景、社会角色以及语言使用的具体情境。因此，理解语言的意义必须考虑说话者和语境。语言的意义是动态的，依赖于特定情境。

在系统功能语言学的理论框架下，培养学习者的动态语言意识，包括文化意识和语境意识，成为语言教育的重要内容。只有通过这种方式，语言教育才能有明确的目标和实际的意义。这也解释了为什么任务型教学特别注重语言的意义。任务型教学通过任务来鼓励学生使用语言来解决实际问题，强调语言的社会属性。为了实现这一目标，任务型教学引入真实的语言材料，创造了接近自然语言习得环境的学习情境。通过学生之间的交流和互动，他们能够体验语言的社会功能，理解语言在建立和维系社会关系方面的重要作用。任务型教学将课堂与社会联系起来，使学习过程成为促进学习者社会化的过程。

（二）心理学的理论基础

1. 皮亚杰的认知发展论

瑞士心理学家让·皮亚杰的认知发展论是一种关于儿童思维和智力发展的理论，对儿童心理学和教育产生了深远的影响。根据皮亚杰的理论，学习并不仅仅是被动地接收外部信息，而是一个积极主动的过程，涉及构建新的认知模式。这意味着学习者通过与周围环境互动，不断建立、修正和完善他们对世界的认知方式。

任务型教学与皮亚杰的认知发展理论有密切关联。在任务型教学中，任务是教学的核心，它为学习者提供了实际使用目标语言的机会。在任务中，学习者积极参与，思考问题，与他人合作，解决问题，而不仅仅是被动地接收信息。这个过程中，他们不断建构关于目标语言的知识和技能。

任务型教学强调了学习者之间的合作和意义协商，这与皮亚杰的认知发展理论中的同化、顺化、平衡概念相一致。同化是指学习者根据已有的认知模式来理解新信息，顺化是指学习者不断调整自己的认知模式以适应新信息，而平衡是指学习者在同化和顺化之间寻找一种平衡，以更好地理解和应对新信息。

在任务型教学中，学习者通过任务中的实际交流和合作来验证和修正他们的语言假设，从而推动了他们的语言学习向更高层次的发展。这种积极的参与和认知挑战与皮亚杰的认知发展理论的核心观点相符，强调了学习是一个主动建构知识的过程。任务型教学因此提供了一种有效的教学方法，鼓励学习者更深入地理解和运用目标语言。

2. 布鲁纳的发现学习论

布鲁纳的发现学习理论强调了学习者在知识获取过程中的积极参与和自主探索。这一理论基于瑞士心理学家皮亚杰的认知发展理论，扩展了对学习内容的理解。

发现学习理论认为，学习是一个积极的认知过程，学习者通过自主探索和积极参与来建构知识和理解。学习者不仅仅被动接收信息，还是通过主动的思考和探索来构建自己的知识结构。同时，发现学习理论强调了学习环境的设计对学习的影响。教育者的角色是创造丰富多样、激发学习者兴趣的学习情境，以促进他们的积极参与和自主探索。这意味着创造具有挑战性的学习任务和材料，以激发学习者的好奇心和动力。学习者在探索过程中可能会遇到认知冲突，即他们的已有知识与新信息之间存在矛盾。这一冲突有助于激发学习者重新思考和调整他们的认知结构，最终实现认知平衡。认知冲突被看作是知识建构的驱动力之一。

任务型教学在很大程度上反映了发现学习的原则。首先，任务型教学注重学习过程，认为有效的语言学习是通过经历性的活动来实现的，而不仅仅是被动接收信息。其次，任务型教学不是强调直接传授语法规则，而是提供任务，学生在解决问题的过程中通过语言来发现规则，类似于认知冲突的概念。最重要的是，任务型教学强调挑战性，鼓励学生积极参与，避免机械记忆，这与发现学习理论中强调的积极参与和认知冲突概念相契合。因此，任务型教学通过提供具体任务和挑战性的学习情境，鼓励学生积极地发现和探索语言，促进了他们的语言学习。

（三）活动教学理论的基础

活动教学理论引入"活动"的概念到教育领域，以促进学生的全面发展为核心教育理

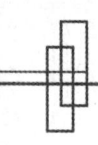

念。这一教育方法强调学生的积极参与、主动探索、自主思考和实际实践，旨在培养多方面的能力，提高他们的整体素质。

当我们将活动教学理论应用于任务型教学时，可以看到任务型教学实际上是活动教学思想在语言教育领域的具体应用。

首先，任务型教学将任务作为教学的核心，这些任务要求学生在语言学习的过程中实际应用语言来完成各种活动和任务。这些任务通常与学生的日常生活和实际需求相关，因此具有真实性，使学生能够在实际活动中应用所学语言。

其次，任务型教学鼓励学生采用多种学习方式，如合作学习、交往学习、探索发现学习以及体验学习。这种多样性有助于激发学生的学习兴趣，提高他们的参与度。学生不仅仅是被动接收信息，而是通过积极的活动来探索和理解。

最后，任务型教学不仅仅注重语言技能的培养，还强调学生在任务完成的过程中培养沟通、合作、问题解决等多方面的能力。这有助于学生的全面发展，提高他们的素质。学生在任务中不仅仅学习语言，还培养了与他人合作、解决实际问题的能力。

综上所述，任务型教学实际上是活动教学理论在语言教育领域的具体应用，它通过引入任务、多样的学习方式和多方面能力的培养，促进了学生的积极参与和全面发展。这符合活动教学观的核心理念，即以活动促进学生的发展，不仅仅是在语言学习中，也包括了学生的综合素质和发展。

三、任务教学法在商务英语教学中的具体应用

任务教学法在商务英语教学中发挥了重要作用，它强调学习者参与和实际运用语言的能力，更加符合高等教育的需求和特点。

（一）任务教学法在商务英语教学中的作用

1.提供实际语言技能培训

任务教学法侧重学习者通过实际任务解决问题，这对商务英语教学至关重要。学生通过执行商务任务，如商务会议、谈判、撰写邮件和报告等，不仅学习相关的语言技能，还能够应用这些技能于实际工作场景中。这种实际应用有助于学生在真实商务环境中更自信和熟练地使用英语。

2.促进交际能力的培养

商务英语强调有效的跨文化交际。任务型教学通过让学生参与各种商务交际活动，如模拟商务会议、角色扮演谈判等，有助于培养他们的交际能力。学生不仅学会了语法和词汇，还学会了如何在商务环境中与客户、同事和合作伙伴进行有效的沟通。

3.提高解决问题的能力和决策力

商务英语任务通常涉及解决问题和做出决策的过程。学生需要分析信息、制订计划、做出决策，并解释他们的选择方案。这有助于培养学生的问题解决和决策能力，这是商务领域非常重要的技能。

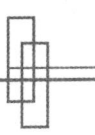

4.促进合作与团队协作

商务英语任务通常需要学生在小组或团队中合作完成。这有助于培养学生的合作与团队协作能力，这对商务环境中的团队工作至关重要。学生学会了如何有效地与他人协作，分享任务和资源，并在团队中达成共识。

5.创造具体、现实的学习体验

任务型教学提供了具体的、与现实生活相关的学习体验。这使学生更容易理解和记住所学的语言，因为它们与他们的日常生活和职业相关。这种联系使学习更加有趣和有动力。

6.鼓励学生的自主学习

任务型教学强调学生的积极参与和自主学习。学生在执行任务时需要主动寻找信息、解决问题，这培养了他们的自主学习技能。这些技能对学生在商务环境中不断学习和适应新情况至关重要。

（二）商务英语教学中实施任务教学法的有效策略

实施任务教学法在商务英语教学中需要仔细策划和有效组织。以下是在不同阶段实施任务型教学的有效策略。

1.教学准备阶段

（1）明确教学目标

教师首先需要确定教学的明确目标。这些目标应该清晰地阐明学生需要达到的语言技能、知识和综合素质目标。目标的设定是任务型教学的基础，因为任务将直接与这些目标相关。例如，目标可以是让学生能够在商务会议中有效地交流和展示他们的观点。

（2）选择适当的任务

任务的选择应基于学生的水平和专业领域。任务应该具有挑战性，而又不过于困难，以确保学生能够成功完成。任务的选择应与学生的实际需求和兴趣相关，这将激发学生的积极性。

（3）收集和准备教学材料

教师需要收集适用于任务的教学材料，这些材料可以包括文本、多媒体资源、案例研究等。这些材料应该支持学生完成任务，并提供所需的信息和背景知识。例如，在商务英语教学中，可以提供相关行业的文本或视频资源。

（4）设计任务

教师需要设计任务，确保任务明确、具体和有挑战性。任务设计应该与教学目标一致，并鼓励学生积极参与和思考。任务可以采用不同的形式，如项目、角色扮演、小组讨论等，以增加多样性和学生的参与度。

总之，教学准备阶段是任务型教学的基础，它要求教师仔细规划和设计教学内容，以确保任务与学生的需求和目标相匹配。

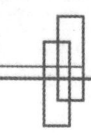

2.教学进行阶段

在任务开始之前，教师应该清晰地介绍任务的背景、目标和要求。这有助于学生理解任务的意义和目的，为他们的学习提供明确的方向。教师可以解释为什么这个任务对他们重要，如何与实际应用相关，以激发学生学习的兴趣和动机。

任务型教学鼓励学生进行小组合作。小组合作有助于学生分享观点、思考问题、解决挑战，并增强彼此之间的互动。教师应该促进有效的小组合作，确保每个学生都有机会参与。

教师在任务进行的过程中起到监督和反馈的作用。监督有助于确保任务按计划进行，防止偏离目标。教师可以定期检查小组的进展，回答他们的问题，提供指导。同时，教师可以提供及时的反馈，帮助学生改进他们的工作。这既可以包括语言方面的纠正，也可以包括解决问题的建议。需要注意的是，在任务进行阶段，学生应该被鼓励积极参与，并自主学习。他们需要独立思考、解决问题，而不是依赖教师的直接指导。教师的角色是提供支持和指导，鼓励学生自主学习和探索。

任务型教学中可能会出现各种挑战和问题。教师应该帮助学生处理这些挑战，鼓励他们寻找解决方案。这有助于培养学生的问题解决能力，同时增强他们的自信心。

任务完成后，教师可以鼓励学生反思任务的过程和成果。这有助于学生从中汲取经验教训，了解他们在语言学习和任务完成方面的进步，并为将来的学习提供指导。

在任务进行阶段，教师的角色是引导和支持学生，确保任务的顺利进行，并为学生提供所需的帮助和反馈。这有助于学生在实际任务中应用所学的语言和技能，培养他们的综合素质。

3.教学结束阶段

第一，一旦任务完成，教师就应该为学生提供展示成果的机会。可以采用口头汇报、展示、讨论等形式。通过展示成果，学生有机会分享他们的知识和经验，向同学展示他们的成就。这有助于巩固学习成果，增强学生的自信心，同时可以促进跨文化交际技能的培养。

第二，在展示成果后，教师和学生可以一起总结任务的过程和成果。这个总结和讨论阶段有助于学生从任务中获得更多的认识和经验。学生可以分享他们的观点、感受、遇到的挑战以及解决问题的方法。教师可以引导学生反思他们的学习过程，鼓励他们发现自己的成长和改进之处。

第三，教师应该对学生的任务成果进行评估，并提供反馈。评估可以基于任务完成的质量、语言运用、合作能力等方面。反馈应该具体、及时，帮助学生了解他们的表现，发现自己的优势和不足，为未来的学习提供指导和方向。

第四，教师可以与学生一起明确下一步的学习计划。例如明确下一阶段的学习目标、任务或项目的选择，以及如何继续发展语言技能和综合素质。明确下一步有助于学生保持学习的连续性，并保持学习的动力。

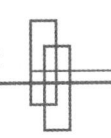

（三）任务教学法在商务英语教学中需要注意的问题

任务教学法在商务英语教学中的应用需要特别关注以下几个方面的问题。

1.学生的差异性

商务英语课程通常吸引来自不同专业和英语水平的学生。因此，教师需要差异化地设计任务，以满足不同学生的需求。这可能包括设置不同难度的任务或提供额外的支持材料，以确保每位学生都能够积极参与。

2.任务的实际性和相关性

商务英语任务应具有实际意义，与学生的专业领域和未来职业需求相关。如果任务缺乏实际性或相关性，学生可能会对学习失去兴趣。任务的选择和设计应与学生的实际需求相符，并应该在任务描述中清晰地传达给学生。

3.任务描述的清晰度

任务描述应该非常清晰明了，学生需要明白任务的要求、目标和评估标准。模糊或不清晰的任务描述可能导致学生的困惑和挫折感。教师应该在任务描述中提供具体的信息，以帮助学生明白他们需要做什么。

4.学生的自主学习和小组合作

任务型教学鼓励学生自主学习和小组合作。然而，一些学生可能需要额外的激励和指导，以充分参与任务。教师应该鼓励学生设立学习目标，提供支持和指导，以确保学生积极参与。

5.时间管理

任务型教学通常需要一定的时间来完成。教师需要合理安排课程时间，确保学生有足够的时间来完成任务。同时，教师需要在任务进行中掌握时间，以确保任务按计划进行，不会超时。

6.及时的评估和反馈

任务完成后，教师需要提供及时的评估和反馈，以帮助学生改进他们的表现。评估应该与任务的目标和标准相一致，并应该包括口头和书面反馈，以及对学生的作品进行评估。

最重要的是，在任务型教学中，教师的角色从传统的知识传授者转变为引导者和支持者。教师需要积极引导学生，鼓励他们思考和探索，而不仅仅是提供答案。另外，教师还需要管理小组合作，解决问题，并提供反馈。

总之，任务型教学在商务英语教学中可以提供更加实际和有趣的学习体验，但教师需要细心设计任务，关注学生的差异，管理好任务的组织和实施，提供适时的反馈和支持，以确保教学的有效性和学生的学习。

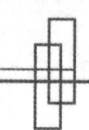

第二节　情景教学法在商务英语教学中的应用

情景教学法在商务英语教学中扮演着重要的角色，因为它有助于提高学生的学习兴趣和积极参与度，同时培养他们实际运用英语的能力。通过这种教学方法，我们可以创造仿真的商务场景，让学生在其中运用他们所学的知识，体验真实的工作情境，同时积极参与人际交往。这种方式不仅有助于学生综合能力的培养，还可以提高他们的职业素养和技能，使他们更好地适应未来职场的挑战。因此，情景教学法在商务英语教学中发挥着至关重要的作用。

一、情景教学法的定义

情景教学法是一种将学习与实际情境（情景）相结合，以提高学生的实际应用能力和问题解决能力的教育方法。这种方法强调通过将学习任务放置于学生可能会在日常生活或职业中遇到的情境中，帮助学生更好地理解和应用所学的知识。情景教学法鼓励学生主动参与、合作学习和面对真实世界中的挑战，以提高他们的学习成果和技能。这一方法旨在培养学生的创造性思维、批判性思考和实际问题解决能力，使他们能够更好地适应复杂多变的现实情境。

情景教学法的重要理念是将学习与实际应用相结合，这使得学生能够置身于具体的情境中，以更深刻地理解和应用所学的内容。情景教学通常包括几个关键要素，首先是情境创设，教师或教育设计者会创建一个特定的情境，这个情境通常与所要教授的内容相关。随着技术的进步，多媒体和虚拟现实技术的应用进一步丰富了情景教学法的工具和方法，通过虚拟情境、模拟游戏和电子学习平台，学生可以获得更具挑战性和互动性的学习体验。

情景教学法的实施通常要求学生在情境中完成特定任务或解决问题，这些任务鼓励学生运用已经学到的知识和技能来解决实际问题。此外，情景教学强调实际应用，学生不仅要理解理论知识，还要将其应用到实际问题中。这有助于培养学生的实际问题解决能力，使他们能够更好地应对现实生活和职业中的挑战。

另外，情景教学法还鼓励合作与互动，学生通常需要与同学一起协作完成任务，这模拟了真实生活中的团队合作情境，有助于培养学生的团队合作和沟通技能。最后，学生在完成任务后需要反思和总结，这有助于他们深化对所学内容的理解，同时提高他们的元认知能力，即对自己学习过程的认知和控制能力。

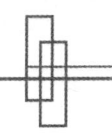

总而言之，情景教学法是一种强调学习与实际应用相结合的教育方法，通过情境创设、任务驱动、实际应用、合作与互动以及反思和总结等要素，学生能够获得更具体、实际和深入的学习体验。这种方法在不同领域，包括语言教育、职业培训和模拟训练，为学生提供了更好的机会将理论知识转化为实际技能，并为其未来职业和生活的挑战做好充分准备。

二、情景教学法的理论基础

情景教学法的理论基础涵盖了多个领域，包括教育心理学、认知心理学和教育哲学。

（一）教育心理学理论

1.行为主义理论

行为主义理论认为学习是通过刺激和反应的关联来实现的，学生的行为可以通过奖励和惩罚来塑造。情景教学法在这一理论的基础上强调了任务驱动，学生需要在具体情境中完成特定任务，这些任务要求他们运用已经学到的知识和技能来解决问题。通过积极参与任务，学生能够建立与所学内容相关的反应和行为模式，从而深化他们的理解和应用能力。这符合行为主义的强调，即学习是通过实际行为和实践经验来实现的。

2.认知学习理论

认知学习理论强调学生的主动参与和认知过程，认为学习不仅是接收信息，还涉及对信息的处理、理解和内化。情景教学法通过情境创设和实际任务的解决，鼓励学生积极参与认知过程。学生在情境中需要运用自己的思维能力、分析能力和问题解决能力，这有助于他们深刻理解和应用所学的内容。情景教学法的任务驱动方法有助于激发学生的思维，使他们在实际情境中主动寻找解决方案，从而促进认知发展。

3.建构主义理论

建构主义理论认为学习是通过构建新知识和概念来实现的，学生积极参与知识的建构过程。情景教学法为学生提供了在具体情境中构建知识的机会。学生不仅学习理论知识，还需要将其应用到实际问题中，这促使他们在情境中建构新的理解和解决问题的方法。学生通过积极的参与和任务完成，逐渐构建起与情境相关的知识和技能。这与建构主义的观点相契合，即学习是个体通过积极参与和建构知识的过程。

（二）认知心理学理论

认知心理学关注学习、思考和知识获取的心理过程。认知心理学认为记忆是信息处理的重要组成部分。记忆过程涉及信息的编码、存储和检索。情景教学法通过情境创设，将学习材料置于具体的情境中，这有助于学生更好地将信息存储在他们的长期记忆中。信息与情境相关联，这种情境便于学生将信息与特定情境和任务联系起来，从而提高信息的可访问性。学习在真实情境中发生，这有助于信息的编码和存储，因为信息与情境和任务的相关性使其更容易被记住。

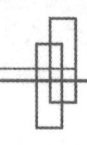

情景教学法鼓励学生运用已有的认知能力来解决复杂的问题。学生需要运用问题解决、分析和判断等认知技能，以应对情景中的挑战。通过实际任务的完成，学生的认知能力得到锻炼和提高。这有助于培养学生的综合思维能力，使他们能够更好地理解和应用所学的知识。

（三）教育哲学

杜威是一位美国著名的哲学家、教育家和心理学家，他的教育哲学对情景教学法的发展产生了深远的影响。杜威的教育哲学强调了学习的本质和学习的最有效方式，其核心观点包括以下几个关键要素。

经验主义：杜威是经验主义的倡导者，他认为人们通过与世界互动和经验获取知识。他强调学习应该基于实际经验，而不仅仅是书本中的知识。他提倡学生要在有意义的情境中积极参与学习，通过亲身体验和实际活动来获取知识。

学习与生活的整合：杜威主张学校教育应该与学生的日常生活和实际经验相结合。他认为学生的学习经验应该与他们的生活息息相关，这样才能更好地培养他们的技能和理解。这与情景教学法的理念相契合，即学习应该发生在具体的情境中，与学生的实际生活和经验相关。

问题导向学习：杜威强调学生应该以问题为中心进行学习。他认为问题驱动的学习方式有助于激发好奇心和主动性，因为学生必须思考并寻找解决问题的方法。这一观点与情景教学法的任务驱动和问题解决方法相一致，学生需要在具体情境中解决问题，从而积极参与学习。

社会性学习：杜威认为学习是社会性的，学生通过与他人互动和合作获得知识。他主张学生应该在协作和互动中构建知识，这强调了学习中的社交元素。情景教学法通常鼓励学生之间的合作和互动，使他们在情境中模拟真实生活中的合作情境。

杜威的教育哲学强调了实际经验、问题导向学习、社会性学习和学习与生活的整合。这些观点为情景教学法的发展提供了坚实的哲学基础，奠定了将学习与实际情境相结合的基本理念。情景教学法强调了学生在具体情境中的积极参与和问题解决，与杜威的教育哲学理念相契合，为学习提供更有意义和深刻的体验。

三、商务英语情景教学法的原则

在商务英语情景教学中应遵循一系列指导性准则，以确保学生在学习过程中获得最大的受益。

（一）真实性原则

真实性原则强调学习环境和任务应该尽可能接近实际商务情境，以使学生能够获得实际工作中所需的技能和经验。具体说来，包括以下几个方面的内容。

1.模拟真实商务情境

在商务英语情景教学中，教育者应该努力模拟真实的商务情境，如商务会议、谈判、

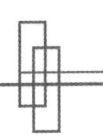

客户服务、市场营销等。这些情境应该具有与现实世界相似的特征，包括商务用语、文化背景、协商方式等。通过模拟这些情境，学生可以更好地理解并应对未来的职业挑战。

2.应用实际工作技能

情景教学法鼓励学生在学习过程中积极应用实际工作所需的技能。这包括商务沟通、撰写报告、协商、解决问题等技能。学生在处理任务时，应该使用类似于真实商务环境中使用的工具和技术，如电子邮件、商务会议、市场分析等。这有助于培养学生的实际技能。

3.反映真实挑战

情景教学的任务和情境应该反映学生可能在职业生涯中遇到的真实挑战。这些挑战可能包括解决实际商务问题、处理客户投诉、进行市场研究等。学生在解决这些问题时，将能够运用他们在课堂上学到的知识和技能。

4.增强动机和参与度

真实性原则有助于增强学生的学习动机和参与度。当学生认识到他们所学的东西与实际工作相关，并且在未来的职业中有用时，他们更有动力参与学习。这可以提高他们的学习成效和职业准备程度。

5.跨文化适应

真实性原则还要求考虑跨文化因素。商务英语涉及国际交流，因此学生应该了解不同文化之间的差异，包括商务礼仪、文化价值观和沟通方式。这有助于使学生更好地适应国际商务环境。

（二）互动性原则

互动性原则在商务英语情景教学法中占据着至关重要的地位，它强调了学生之间、学生与教育者之间以及学生与商务伙伴之间的积极互动。这一原则的应用有助于创造更富有活力和有效的学习环境。

首先，互动性原则强调学生之间的合作和协作。在商务英语情景教学中，学生通常需要模拟真实的商务情境，如商务会议、谈判、项目团队等。这要求学生之间密切合作，共同解决问题和完成任务。这种协作有助于培养团队合作和沟通技能，因为学生需要相互协调、分工合作，就像他们将来在职场中一样。

其次，互动性原则要求学生与教育者之间建立积极的互动。教育者应鼓励学生提出问题、分享观点、参与讨论，以促进课堂内的有益交流。这种互动不仅有助于学生更好地理解教材，还能提供实时反馈，帮助教育者更好地满足学生的需求和兴趣。

最后，商务英语情景教学法要求学生与商务伙伴进行互动。这可以涉及模拟商务交流、角色扮演、模拟商务会议等。通过与商务伙伴的互动，学生能够更好地理解商务沟通和谈判的复杂性，同时锻炼自己的商务交际技能。

互动性原则的应用有助于提高学生的沟通和合作技能，培养他们在商务环境中的适应能力。此外，它能够增强学习的动力，因为积极的互动通常会激发学生的兴趣和参与度。

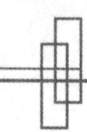

总之，互动性原则是商务英语情景教学法的关键组成部分，可以为学生提供更具活力和有效的学习体验，有助于他们更好地准备面对商务领域的挑战。

（三）主体性原则

主体性原则是指在教育和学习过程中，学生应该发挥自己的主体性，成为学习的主动参与者，而不仅仅是知识的被动接收者。

首先，学生要积极参与情景教学中的商务活动。这包括在模拟的商务情境中扮演不同的商务角色，参与商务会议、项目管理、市场研究等活动。通过亲身参与这些活动，学生可以更好地理解商务英语的实际应用，同时锻炼了他们的商务技能。他们不仅要在教室内被动地听课，还应该积极投身到模拟的商务情境中，亲自经历和应用所学的知识。

其次，学生要主动提出问题和提供解决方案。在商务情景中，学生经常会面临各种挑战和问题。在这种情况下，学生不应该被动等待教师提供答案，而是要积极思考问题的根本原因，并积极寻找解决方案。这有助于培养学生的问题解决和决策能力，使他们更好地应对职业生涯中的挑战。他们应该学会自己思考，分析问题，提出问题，然后尝试解决问题，这种主动性的思考和行动将使他们更具竞争力。

再次，学生应积极参与商务交流和合作。学生可以与其他同学一起协作解决商务问题，进行商务谈判，展开商务项目等。这种协作有助于提高学生的团队合作和沟通技能，因为他们需要与他人协调工作、共同解决问题，这也是现实商务活动中需要的重要能力。通过与其他同学的互动，学生可以更好地理解不同观点和工作方式，从而提高他们的综合素质。

最后，主体性原则强调学生自主学习能力的培养。学生应该具备自主学习的能力，能够主动寻找学习资源，制订学习计划，定期自我评估学习进展，并根据需要调整学习策略。这有助于他们在不断变化的商业环境中不断更新和提升自己的知识与技能。学生应该明白，他们的学习责任不仅仅停留在教室内，还需要主动追求知识和技能的积累。

（四）探究性原则

探究性原则通过培养学生的问题解决能力、独立研究能力和创新思维，强调了学习的实际性和深度。学生通过积极参与商务问题的探究，不仅能够更好地理解商务英语的实际应用，还能够在职业生涯中更好地应对复杂的商务挑战，为自己的职业发展打下坚实的基础。

首先，探究性原则鼓励学生主动提出问题并寻找答案。在商务英语情景教学中，教师可以引导学生思考实际的商务问题，例如市场分析、产品推广策略、竞争对手分析等。学生被激励去自己寻找相关信息和数据，研究解决问题的方法，从而培养了他们主动思考和探究的能力。其次，学生应该有机会独立或合作进行研究和项目工作。教师可以设计项目或任务，要求学生选择特定的商务主题，深入研究并提出解决方案。这种项目性学习不仅可以提供实际问题的应用场景，还可以培养学生的独立研究、数据分析和报告撰写等技能。再次，商务英语情景教学中的案例分析是探究性原则的一部分。学生可以分析真实的

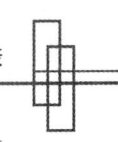

商业案例，了解不同公司在特定情境下所采取的商务策略和决策。这有助于他们理解商务英语的实际运用，并学习从他人的经验中吸取教训。最后，探究性原则鼓励学生培养创新思维。学生不仅要解决问题，还要提出新的思路和方法。教师可以引导学生思考如何改进现有的商务流程、推出创新产品或服务，从而培养他们的创业和创新精神。

总之，以上这些原则在商务英语情景教学中起着关键作用，它们有助于提供更有意义、实际和互动的学习体验。真实性原则确保学习与实际工作相关，互动性原则强调合作和沟通，主体性原则鼓励学生的自主学习，而探究性原则激发学生的好奇心和主动性。通过遵循这些原则，商务英语情景教学法能够更好地培养学生的实际技能，提高他们在商务环境中的适应能力。

四、情景教学法在商务英语教学中的应用

情景教学法在商务英语教学中的应用可以分为三个阶段：课前准备阶段、课堂实施阶段和课后巩固阶段。

（一）课前准备阶段

1.明确教学目标

首先，教师应该明确教学目标。这意味着确定学生在学习特定商务英语情景时应该达到的技能和知识水平。这些目标应该具体、明晰，以便学生了解他们将在课程中学到什么，以及这些知识将如何在实际商务情境中应用。例如，如果教学目标是使学生能够成功主持商务会议，那么这个目标应该清晰地反映出学生需要掌握的商务沟通、会议主持和相关技能。

2.选择适当的情景

根据明确的教学目标，教师应该选择适合的商务情景。这些情景应该与学生的实际需求和未来的职业发展密切相关。例如，如果学生的职业目标是在国际市场营销领域工作，那么情景可以选择与国际市场营销相关的案例或情境，以便学生能够在学习过程中直接运用所学的知识和技能。

3.准备教材和资源

一旦确定了教学目标和适当的情景，教师就需要准备相关的教材和资源。这可能包括商务英语教材、案例研究、商务会议模拟工具、行业报告等。这些资源应该有助于学生更好地理解和应用在特定情境中所需的商务英语技能。对教材和教学资源的选择可以参考以下几个方面。

（1）关联实际应用情境

在商务英语情景教学中，首要任务是选择与实际应用紧密相关的授课材料。这些材料应该反映商务领域的真实情境，包括商务会议、谈判、市场营销、商务信函等。通过使用这些真实的商务情境，学生能够更好地理解商务英语的实际用途，并将所学的知识直接应用到未来的职业中。因此，授课材料的选择应该基于实际商业场景，以便帮助学生掌握与

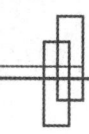

职业需求相关的语言技能和知识。

（2）考虑学生水平和需求

在选择授课材料时，必须考虑学生的水平和需求。这包括学生的英语水平、商务背景以及他们未来职业的特定需求。授课材料的难易程度应该适应学生的水平，既不过于简单以致无挑战性，也不过于复杂以致难以理解。教师需要了解学生的学习需求，并根据这些需求选择合适的材料，以便学生能够积极参与和有效学习。

（3）多样性

学生的学习风格和感官需求各不相同，因此应该提供多种类型的材料，包括文本、音频、视频、商务文档等。这种多样性可以满足不同学生的学习需求，帮助他们更好地理解和应用商务英语。例如，一些学生可能更喜欢通过阅读文本来学习，而其他人可能更喜欢通过听音频或观看视频来学习。因此，教师应该在材料选择中考虑到这些差异。

4.课程问题设置

课程问题设置在商务英语情景教学中扮演着重要的角色，它对激发学生的学习兴趣、引导他们深入思考以及积极参与课堂活动具有指导作用。

首先，提前设定的课程问题和任务应与授课内容密切相关。这确保了问题具备针对性，帮助学生在课堂上更好地理解和运用所学的商务英语知识。问题的相关性意味着它们应该与当前的教学主题和情景情境一致。这有助于将抽象的语言概念与实际商务应用联系起来，使学生更容易理解和接受。

其次，问题应该以简洁明了的方式表达。清晰的问题可以减少学生的误解和困惑。问题描述应当明确，避免模糊或含糊不清的措辞。这有助于学生准确理解任务要求，明白他们需要在课堂上做什么。清晰的问题还能帮助学生集中精力，以有效地回答问题，而不会将时间浪费在理解问题上。

再次，考虑设定一些开放性问题是非常有益的。开放性问题具有多个答案和多种解释的特点，这鼓励学生进行深度思考，表达自己的观点，并与同学进行交流和讨论。开放性问题可以激发学生的创造力和独立思考，促使他们在课堂上展开深入的对话。这种对话不仅可以丰富学生的思维，还可以提高他们的口头和书面表达能力。

最后，课程问题设置需要符合学生的学习水平和需求。问题的难易程度应适应学生的背景和英语水平，以确保他们可以积极参与和应对挑战。不同层次的学生可能需要不同类型的问题，有些问题可能更适合初学者，而其他问题则更适合高级学生。教师需要了解学生的学业需求，并为他们设定合适的问题，以提供有针对性的指导和挑战。

（二）课堂实施阶段

1.引入情景

引入情景是课堂开始的重要环节，它的目的是激发学生的学习兴趣，帮助他们进入商务情境。在这个阶段，教师可以采取以下措施：通过生动的语言描述、引人入胜的情节，教师可以引起学生的兴趣。例如，教师可以讲述一个商务成功故事，一个有趣的市场挑战

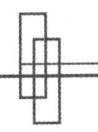

故事，或者一个令人期待的商务机会。这有助于将学生的思绪引向商务领域，激发他们的好奇心。教师还可以使用视觉辅助材料，如图片、图表、视频片段等来呈现情景。这些材料可以帮助学生更直观地理解情境，增强他们的感知和参与。引入情景时，教师可以提出一些开放性问题，鼓励学生思考并讨论。问题可以与情景直接相关，促使学生开始思考与情景有关的议题。这可以是一个引入的起点，引导学生投入商务情境中。

2. 角色分配

在情景教学中，学生被分配到不同的商务角色，以模拟真实情境。这些角色可以包括销售经理、客户、市场分析师、项目经理等，具体根据情景的需要而定。学生扮演各自的角色，积极参与情境中的商务活动。他们需要与其他同学互动，进行商务谈判、讨论、决策等。这种互动既可以促进学生的合作和沟通技能的培养，也让他们更好地理解商务合作的要素。每个角色都有特定的任务和责任。任务应该明确而具体，与情景的目标一致。这有助于学生理解他们需要在情境中做什么，以达到商务情境的预期结果。

3. 任务分发

教师应根据情景的特点和教学目标提出相关的问题，问题应具体明确，引导学生在情景中展开思考和行动。这些问题可以涉及商务决策、问题解决、讨论等多个方面。根据学生所扮演的角色和情境的需要，教师可以分发具体任务。这些任务应该与问题密切相关，要求学生采取行动来解决问题或完成特定的任务。任务的性质可以多样，如准备报告、进行谈判、提供客户服务等。任务分发时，教师可以鼓励学生在团队中合作。合作有助于学生锻炼团队合作和沟通技能，模拟真实商务环境中的合作需求。

4. 监督和反馈

教师在情景模拟过程中担任监督和反馈的角色，以确保学生的学习有效性和进展。教师应密切观察学生在情景中的表现，包括沟通方式、角色扮演的真实性、解决问题的方法等。这有助于教师了解学生的强项和需要改进的领域。根据观察，教师可以及时提供指导和反馈。他们可以指出学生的表现中存在的问题，提供建议和改进意见。反馈有助于学生及时纠正错误，提高他们的商务技能。教师还可以鼓励学生进行自我评估，要求他们回顾自己在情景模拟中的表现，分析自己的优势和不足。这有助于学生更好地自我管理和提高。

（三）课后巩固阶段

1. 总结和反思

教师可以帮助学生回顾课程中的关键概念和技能，确保他们理解了课程的要点。教师可以通过讲解重要知识点、概括课程要点以及解答学生提出的问题来实现。通过这种总结，学生能够将教学内容内化，更容易回想起来并将其应用到实际情境中。同时，鼓励学生对情景模拟进行反思是至关重要的。他们可以分享在模拟中的经验、成功案例以及教训。这种自我反思有助于学生更深入地理解商务英语的实际应用，并为其面对未来类似的情境做好准备。

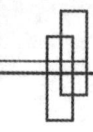

2.作业和练习

教师可以分配作业，要求学生应用所学的商务英语知识和技能。这些作业可以包括撰写商务报告、模拟商务邮件写作、解决实际商务问题等。这种任务的性质应与课堂内容和情景模拟一致，以确保学生能够将所学直接应用到实际工作中。作业和练习有助于学生在不断的实践中提高他们的商务英语技能，增加他们的信心。

3.自主学习

鼓励学生进行自主学习，通过进一步研究相关主题、参与商务英语角色扮演游戏或与同学合作完成项目来拓展他们的知识和技能范围。

4.评估和反馈

教师定期进行评估，了解学生的学习进展。可以通过测验、考试或学生展示来实现。评估有助于学生了解自己的强项和发展需求，帮助他们调整学习策略。同时，教师应提供及时反馈，指出学生的表现，指出需要改进的方面，并提供建议。这有助于学生不断提高自己的商务英语能力，确保他们在未来的职业生涯中表现出色。

五、商务英语情境教学法的策略

商务英语情境教学法是一种注重模拟实际商务情境的教学方法，以培养学生在商务交际和合作中的语言技能和实际工作能力。在这一方法中，有一些关键的策略可以帮助教师有效地创设和展现情景，以促进学生的学习和参与。

（一）利用实物，巧设情景

在商务英语情境教学中，教师可以使用实物或物品来帮助学生更好地理解情境。例如，在教授商务会议的情境时，教师可以摆放会议桌、椅子、投影仪等物品，以创造真实的会议场景。这有助于学生将自己置身于实际情境中，增加他们的参与度和投入感。使用实物还可以帮助学生熟悉商务用语和相关的词汇。

（二）教师利用语言、动作、表情展现情景

教师在情景教学中可以通过语言、动作和表情来展现情景。他们可以扮演不同的商务角色，模拟商务对话和互动。这种角色扮演有助于学生更好地理解商务沟通和协作的方式，同时锻炼他们的语言技能。教师的语言、动作和表情可以传达情境的氛围和情感，使学生更深入地参与和体验情景。

（三）利用技术手段模拟创设情景

现代技术提供了许多工具，可以用于模拟商务情境。教师可以利用多媒体演示、虚拟现实、在线模拟工具等技术手段来创设情景。例如，他们可以使用视频会议工具来模拟国际商务会议，或者创建在线模拟平台，让学生在虚拟环境中体验商务交流。这些技术手段有助于增强情景的真实感和互动性，使学生更好地参与情景教学。

（四）分角色表演，体验情景

一种有效的策略是让学生分角色表演，以体验情景。教师可以分配不同的商务角色给学生，让他们模拟商务情境中的对话和互动。这种分角色表演有助于学生更好地理解商务沟通和合作的复杂性，同时锻炼他们的语言和交际技能。学生可以扮演不同的职位，如销售经理、客户、市场分析师等，以便更全面地理解商务情境。

综合来说，利用实物、展现情景、利用技术手段以及分角色表演是商务英语情境教学法中的关键策略，有助于创设真实的商务情境，提高学生的学习体验感和实际工作能力。这些策略可以使学生更好地理解商务英语的实际应用，锻炼他们的语言技能，并为其未来的职业生涯做好准备。同时，教师的角色在这一过程中至关重要，他们需要充分发挥自己的指导和激发学生参与的作用。

第三节　项目化学习在商务英语教学中的实践研究

项目化学习是一种以项目为核心的学习方法，通过让学生在具体项目中进行实践、合作和解决问题，来促进知识的掌握和能力的培养。在商务英语教学中，项目化学习可以提供一个更贴近实际工作环境的学习体验，帮助学生将所学的语言知识应用到实际情境中。

一、项目化学习概述

（一）项目化学习的概念与特征

20 世纪 60 年代，美国教育界开始关注学生的实际应用能力和解决问题的能力，传统的课堂教学模式难以满足这些需求。于是，一些教育学家和教育实践者开始尝试以项目为基础的学习方法。1967 年，美国教育学家杰罗姆·布鲁纳提出了"发现式学习"的概念，主张学生通过自主探索和实践来获得知识和技能。这种学习方法的核心思想是，学习者通过主动参与具体项目或任务，自主发现和构建知识，从而更深入地理解和应用所学的内容。在此基础上，20 世纪 70 年代，美国教育学家戴维·凯尔提出"经验主义学习理论"，强调学习者通过实际经验的观察、反思、抽象和实践来建构知识。他认为，项目化学习可以提供一个有意义和贴近实际的学习环境，促进学生的主动学习和能力发展。随后，项目化学习逐渐在教育领域得到认可和推广。教育学家和实践者们开始设计和实施各种项目，涵盖了不同学科和领域，如科学、数学、社会学等。项目化学习也逐渐被应用到职业教育和专业培训领域，以提高学生的职业素养和实践能力。至今，项目化学习已经成为一种广泛应用的教学方法，被许多学校和教育机构采用。它通过将学生置于真实情境中，培养他们的合作能力、解决问题的能力和创新思维，有助于学生更好地应对未来的挑战。

项目化学习具有以下几个特征。

（1）项目化学习以具体的项目作为学习的核心，学生通过参与和完成项目来获得知识和技能。项目可以是实际的任务、问题或情境，能够激发学生的兴趣和动机。

（2）项目化学习注重学生在实践中的经验积累和应用能力的培养。学生通过实际操作、观察和实践探索问题，从中获取知识和经验，并将其应用到实际情境中。

（3）项目化学习鼓励学科之间的整合和交叉应用。学生在项目中可能需要运用多个学科的知识和技能来解决问题，促进综合学习和跨学科思维的发展。

（4）项目化学习鼓励学生进行合作和协作。学生通常以小组形式参与项目，扮演不同的角色，共同完成项目任务。通过合作与协作，学生可以分享思想、交流观点，并学会有效地与他人合作。

（5）项目化学习强调解决实际问题的能力。学生在项目中面临各种挑战和问题，需要运用所学的知识和技能来分析、解决问题，并提出合理的解决方案。

（6）项目化学习倡导学生的主动学习和自主探索。学生在项目中扮演积极的角色，自主设定学习目标、规划学习进程，并通过反思和评估来改进学习效果。

（7）项目化学习追求将学习与现实应用相结合。项目的设计和实施要贴近实际情境，使学生能够将所学的知识和技能应用到实际生活和工作中。

通过具备这些特征的项目化学习，学生能够在实践中建构知识、培养问题解决能力、发展合作与协作能力，并将所学的知识和技能应用到实际情境中，提高学习的实效性和可持续性。

（二）项目化学习的理论依据

项目化学习的理论依据可以追溯到多个教育理论和研究领域，以下是其中的一些主要理论依据。

1.建构主义学习理论

在建构主义学习理论中，学生被视为知识的主体，他们通过自己的思考、观察和实践来主动地构建新的知识和理解。学习并非简单地接收和记忆外部的信息，而是通过个体的认知活动和思考过程来赋予信息以意义的。

项目化学习与建构主义学习理论密切相关。在项目化学习中，学生通过参与实际项目的设计、实施和评估过程，与真实的环境互动，积极地构建自己的知识和理解。当他们面临具体的问题和挑战时，需要运用已有的知识和技能进行思考、决策和解决问题。

在项目化学习中，学生主动地提出问题、收集信息、进行实践和合作，并通过反思和总结来深化对知识和概念的理解。他们通过实际的经验和互动，逐渐建构起对项目主题和领域的理解，并将这些理解应用于项目的实际操作中。

项目化学习强调学生的自主性和创造性。学生在项目中有机会自主选择和规划自己的学习路径，提出自己的想法和解决方案，发挥个人的创造力和才能。这种自主性和创造性的发展符合建构主义学习理论中关于学生主动建构知识的观点。

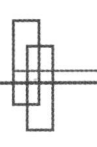

2.社会建构主义学习理论

社会建构主义学习理论是由维果茨基提出并发展起来的。该理论认为学习是社会互动的产物，学生通过与他人的合作、交流和共享经验来建构知识和理解。

社会建构主义学习理论强调学生通过参与社会活动和与他人的互动来发展自己的认知能力和学习能力。学生在与他人合作的过程中，通过对话、合作和共同解决问题的经验，获取新的知识、技能和观点。

在项目化学习中，学生被鼓励与他人进行合作和协作，共同完成项目的各个阶段和任务。学生在项目团队中扮演不同的角色，相互之间进行交流、讨论和合作，共同解决项目中的问题。

通过与他人的合作和互动，学生可以分享和借鉴他人的经验、知识和观点，拓宽自己的视野和思维方式。他们可以通过讨论和交流来澄清自己的想法，从不同的角度思考问题，并在集体的智慧和协作中寻找解决方案。

此外，社会建构主义学习理论还强调了专家和学徒关系的重要性。在项目化学习中，教师可以充当专家的角色，提供指导和支持，帮助学生理解和解决问题。同时，学生分别可以扮演学徒的角色，互相学习、分享和支持，共同成长和发展。

3.问题解决学习理论

问题解决学习理论强调学习应该以问题为导向，学生通过解决真实的问题来获得知识和技能。该理论强调学生在解决问题的过程中积极参与、思考和应用知识，从而深化对知识的理解。

在项目化学习中，学生面临具体的问题和挑战，需要通过应用已有的知识和技能来解决问题。项目化学习通过提供实际的项目情境，让学生在真实的问题解决过程中进行学习。学生需要分析问题、收集信息、提出解决方案，并通过实践和反思来验证和改进解决方案。

通过问题解决学习理论，项目化学习可以激发学生的主动性和探究精神。学生在面对问题时需要主动思考和探索，提出独立的观点和解决方案。他们需要调动多种知识和技能，运用逻辑推理、创造性思维和批判性思维来解决问题。

此外，问题解决学习理论还强调学生的自主性和自主学习能力的培养。在项目化学习中，学生可以自主选择和规划自己的学习路径，根据问题的需求进行深入的学习和研究。他们在解决问题的过程中逐渐培养起自主学习的能力，包括问题分析、信息获取、判断和决策等。

4.项目管理理论

项目管理理论是一种管理方法和工具，用于规划、执行和控制项目的活动，以实现项目目标。该理论注重项目的组织、资源分配、进度控制和风险管理等方面，以确保项目按时、按质、按成本完成。

在项目管理理论中，项目团队的合作和协作是至关重要的。团队成员需要在项目中密

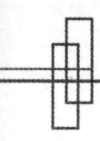

切合作，共同追求项目的目标，并有效地进行沟通、协调和决策。通过合作，团队可以充分发挥各自的专长和优势，共同解决问题和应对挑战。

项目化学习借鉴了项目管理理论的原则和方法，将其应用于教育领域。在项目化学习中，学生被组织成项目团队，共同完成项目的各个阶段和任务。他们需要进行合作和协作，分工合作、相互支持，并通过有效的沟通和决策来推动项目的进展。

项目化学习注重学生的项目管理和团队合作能力的培养。学生需要学习如何制订项目计划、安排任务、分配资源和控制进度，以确保项目的顺利进行。同时，他们需要培养团队合作、沟通和决策的能力，以实现协同工作和共同目标。

通过项目管理理论的运用，项目化学习可以帮助学生培养项目管理技能、团队合作能力和问题解决能力。学生可以在项目中扮演不同的角色，学习如何协调和合作，理解项目管理的原则和方法，并将其应用于实际的项目实践中。

这些理论依据提供了项目化学习的教育理念和教学模式。通过项目化学习，学生可以在具体的项目中参与、合作和解决问题，从而积极地构建知识、发展技能和培养综合能力。项目化学习强调学生的主动性、合作性和实践性，与上述理论依据相互支持和补充，共同构成项目化学习的理论基础。

二、项目化学习在商务英语教学中的意义

项目化学习在商务英语教学中具有重要的意义，可以带来以下几个方面的益处。

（一）提高语言应用能力

商务英语的重要目标是培养学生在商务环境中有效运用英语进行沟通和交流的能力。通过项目化学习，学生可以参与各种商务场景的模拟和实践，如商务会议、销售谈判、市场调研等。这样的实践活动可以使学生更好地理解和掌握商务英语的词汇、语法和交际策略，提高他们的语言应用能力。

（二）培养职业素养和跨文化交际能力

商务英语教学不仅涉及语言技能，还需要关注学生的职业素养和跨文化交际能力。通过项目化学习，学生可以了解商务文化和礼仪，学习商务沟通的技巧和规范，培养跨文化交际的灵活性和适应性。另外，他们还可以通过与来自不同国家和文化背景的同学合作，了解不同的商务实践和观念，提高跨文化沟通能力。

（三）强化解决问题和决策能力

商务环境中经常需要解决各种问题和做出决策。项目化学习可以提供具体的商务案例和情境，让学生在实践中面对和解决实际问题。学生需要收集信息、分析数据、制订方案，并进行团队协作和决策。这样的学习过程可以培养学生的问题解决能力、批判性思维和团队合作精神。

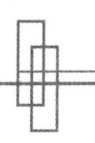

（四）促进综合能力的发展

商务英语教学涉及多个学科领域，如商务管理、市场营销、财务会计等。通过项目化学习，学生需要综合运用不同学科的知识和技能来解决实际问题，促进综合能力的发展。他们需要运用语言能力、商务知识、沟通技巧和分析能力等多个方面的能力，从而更好地适应商务工作的复杂性和多样性。

三、商务英语教学中项目化学习的实施

在商务英语教学中实施项目化学习可以帮助学生将所学的语言技能和商务知识应用于实际情境中，培养他们的综合能力和团队合作能力。以下是实施项目化学习的具体步骤。

（一）选择合适的商务项目主题

选择与商务英语相关的项目主题，确保项目主题既能够激发学生的兴趣，又与实际商务活动密切相关。下面就对如何选择合适的商务项目主题进行详细阐述。

第一，确保选择的项目主题与商务英语学习内容相关。这样可以帮助学生将所学的语言技能应用于实际商务情境中，提高他们的语言表达能力和商务交流能力。例如，可以选择商务会议组织、商务谈判、市场调研报告、商务计划书等主题。

第二，选择与实际商务活动密切相关的主题可以增加项目的实用性和真实性。学生可以通过项目实践，了解和应用真实商务场景中的知识和技能。例如，可以选择实际的商务案例或模拟商务活动作为项目主题，让学生在模拟的商务环境中进行学习和实践。

第三，选择能够激发学生兴趣的项目主题可以增加学生的主动性和积极性。考虑学生的兴趣、爱好和专业方向，选择能够吸引他们的项目主题。这样可以提高学生的学习动力，并增加他们在项目中的投入和参与度。

第四，确保选择的项目主题在教学时间和资源限制下是可行的。考虑到学生的水平和学习能力，选择适当难度和规模的项目主题，使学生能够在项目中有所收获，并能够在规定时间内完成项目任务。

第五，商务项目主题可以涉及多个学科领域，如商务管理、市场营销、财务管理等。考虑将不同学科的知识和技能整合到项目中，促进学生综合能力的培养和跨学科学习的发展。

通过选择合适的商务项目主题，可以提高学生的学习动力和参与度，使他们能够在实际情境中运用所学的商务英语知识和技能，培养他们的综合能力和团队合作能力。同时，这能够增加项目的实用性和真实性，为学生未来在商务领域的实践打下坚实的基础。

（二）明确项目目标和具体要求

明确项目的学习目标，以确保学生清楚项目的任务和期望。

1. 项目学习目标

明确项目的学习目标可以指导学生在项目中的学习和努力方向。商务英语项目的学习

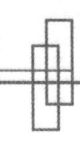

目标可以包括但不限于以下几个方面。

（1）提高语言表达能力：通过项目实践，鼓励学生运用商务英语进行口头和书面交流，提高他们的语言表达能力和沟通能力。

（2）培养商务分析能力：通过项目研究和分析，培养学生的商务分析能力，使他们能够理解和解释商务情境中的数据和信息，并提出相关的建议和解决方案。

（3）发展团队合作能力：通过项目团队合作学习，培养学生的团队合作能力，包括分工合作、有效沟通、协调决策等方面的能力。

2.项目具体要求

明确项目的具体要求可以帮助学生清楚项目的任务和期望，以便他们能够有针对性地进行学习和实践。项目的具体要求可以包括以下几个方面。

（1）项目内容：明确项目所涉及的具体内容和范围。例如，如果项目主题是市场调研报告，具体要求可以包括调研方法、数据收集和分析、报告撰写等。

（2）项目交付物：规定项目的具体交付物，如报告、演示文稿、解决方案等。明确交付物的格式、内容和要求，以便学生能够准备和提交符合要求的作品。

（3）时间安排：制订项目的时间计划，包括项目开始和结束的时间点，以及各个阶段和任务的完成时间。确保学生清楚项目的时间要求，并能够合理安排学习和工作时间。

通过明确项目目标和具体要求，可以帮助学生明确项目的任务和期望，使他们能够有针对性地进行学习和实践。同时，这能够提供教师对学生学习和成果的评估标准，确保项目的顺利进行和有效完成。

（三）分组进行项目协作学习

根据学生的兴趣、专长和学习目标，将学生分成小组。可以考虑多样性和互补性，确保每个小组内的成员能够相互补充和支持。例如，可以将具有商务分析能力的学生和具有语言表达能力的学生组合在一起，以便他们在项目中互相学习和协作。

在小组内，鼓励学生进行分工合作，根据各自的能力和兴趣，在项目中承担不同的任务和角色。例如，可以有学生负责调研和数据分析，有学生负责报告撰写和演示，有学生负责项目进度管理和协调等。通过明确分工，确保每个小组成员都有明确的任务和责任，并能够发挥自己的优势。

鼓励小组成员之间进行频繁的交流和讨论，分享各自的想法和观点，解决各种难题。可以使用在线协作工具、团队会议或线下讨论等方式进行交流。通过交流讨论，可以促进学生之间的合作和相互学习，提高项目的质量和效果。

小组成员应该共同努力，共同完成项目的各个阶段和任务。鼓励学生积极参与，并确保每个小组成员都能够有机会贡献自己的力量。教师可以提供必要的指导和支持，监督项目的进展，并及时给予反馈和评价。

（四）项目中间指导和进度控制

在项目进行过程中，教师可以提供中间指导和支持，以确保项目的顺利进行并帮助学

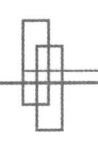

生解决问题。以下是一些指导和进度控制的方法。

1. 定期讨论和反馈

安排定期的讨论时间，与学生进行面对面或在线的讨论，了解他们在项目中的进展和遇到的问题。提供有针对性的指导和建议，帮助他们克服困难并更好地完成项目任务。

2. 提供资源和参考资料

为学生提供相关的资源和参考资料，帮助他们进行研究和学习。这可以包括文献、案例分析、工具和模板等，以支持学生在项目中的工作。

3. 监督项目进度

跟踪项目进展情况，确保学生按时完成各个阶段和任务。可以使用项目管理工具或进度表来监督和记录项目的进度，并及时与学生进行沟通和提醒。

4. 个别辅导和支持

对在项目中遇到困难的学生，进行个别辅导和支持。了解他们的需求和问题，提供额外的指导和资源，帮助他们克服困难并跟上项目进度。

（五）项目效果展示和评价

首先，项目结束后，学生需要公开展示他们的项目成果，并接受评价和反馈。

其次，安排学生进行项目成果的展示，可以是口头报告、展示文稿、演示或海报展示等形式。学生应该展示他们在项目中所完成的工作和取得的成果，包括数据分析、解决方案、报告撰写等。教师要鼓励学生分享他们在项目中的学习经验和感受。可以组织学生之间的交流和讨论，让他们分享各自的项目经验、困难和解决方案，从中互相学习和启发。

最后，教师要对学生的项目成果进行评价，并提供具体的反馈和建议。评价可以包括对项目成果的质量、学生的学习表现、团队合作等方面的评估。通过评价和反馈，帮助学生了解自己的优势和改进的方向，并促进他们的进一步发展。

在商务英语教学中实施项目化学习，需要教师充当引导者和指导者的角色，提供必要的指导和支持，同时给予学生一定的自主性和主动性。通过项目化学习，学生能够在实际情境中运用所学的商务英语知识和技能，提高他们的综合能力和团队合作能力，为其将来的商务实践做好准备。

第四节　商务英语翻转课堂教学模式研究

翻转课堂作为一种创新的教育方法，近年来备受关注。它颠覆了传统的教学方式，将学生置于知识获取和应用的主导地位，为他们提供了更多的自主学习机会。在商务英语教学中引入这种教学模式，不仅对学生的英语水平和商务技能有积极影响，还有助于培养他们的批判性思维和问题解决能力。

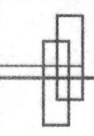

一、翻转课堂的含义与构成

（一）翻转课堂的含义

翻转课堂是一种教育方法，它的起源可以追溯到 20 世纪末和 21 世纪初。它的核心概念是将传统的教学模式颠倒过来，使学生在课堂上参与更多的互动和实践活动，而将课程内容的传授和理解阶段转移到课堂外完成。下面将详细阐述翻转课堂的起源、含义以及其影响。

翻转课堂的起源可以追溯到美国科罗拉多州的一位高中化学教师乔纳森·伯格曼和亚伦·萨姆斯。伯格曼和萨姆斯最初启发于学生的缺勤问题。他们注意到一些学生由于各种原因无法参加正式的课堂教学，这导致出现学习差距。为解决这一问题，他们开始尝试将教学内容以视频形式录制下来，以供学生在错过课堂后观看，从而能够迎头赶上。他们两人的实验逐渐演变成一种模式，其中学生通过观看视频来学习纯理论知识，而将课堂时间保留用于探讨、提问和进行更深入的理解和讨论。这一模式的核心思想是将传统的"家庭作业"转移到课堂时间，让学生在课堂上积极参与互动。伯格曼和萨姆斯将这一模式称为"翻转教室"，因为它实质上颠覆了传统教室中作业和课堂时间的安排。这一模式的目的是更好地利用课堂时间，以促进更深刻的学习体验。

2012 年，可汗学院等在线教育平台提出了"翻转学习"概念，并强调了个性化和灵活的学习过程。这为翻转课堂模式的推广提供了额外的动力，吸引了更多的教育者。随着移动技术和在线学习资源的迅速发展，翻转课堂的应用逐渐扩展到使用各种移动设备和多样化的在线学习资源，使学生能够更加灵活地访问和学习课程内容

翻转课堂的含义在于将传统的教育模式倒置。传统上，老师在课堂上传授新知识，而学生在家中完成作业。在翻转课堂中，学生首先在家中通过阅读材料或观看教学视频来自学或预习课程内容，然后在课堂上与老师和同学互动，进行讨论、解答问题、展示项目或进行实验。这样的安排使学生在课堂上更多地参与主动学习，而不仅仅是被动地接受知识。同时，老师可以更好地根据学生的需求和进度进行个性化指导，帮助他们解决难题和理解概念。

翻转课堂的实施需要借助技术工具，如在线视频、学习管理系统和在线讨论平台。这些工具使教育更加灵活，适应了不同类型的学习者。此外，翻转课堂也促进了学生合作学习和问题解决能力的培养，因为学生在课堂上经常需要与同学合作解决问题。

（二）翻转课堂的构成

翻转课堂通常可以将教学过程划分为三个关键阶段：课前、课中和课后。

1.课前阶段

课前阶段是翻转课堂教育中的首要环节，它为学生提供了一个独立自主学习的机会，以便更好地准备迎接课堂互动和深入学习的挑战。在这个关键阶段，教师和学生都扮演着积极的角色，共同促进教育活动的开展。

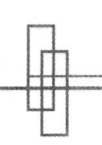

　　教师在课前精心准备教学资源，包括教学视频、阅读材料和其他相关内容。这些资源不仅介绍了课程的基本概念和知识，还提供了有关课程主题的深入讲解。教师的明确指导和解释为学生提供了学习的方向和框架，使他们能够理解要点和关键概念。

　　在这个阶段教师要明确学生需要完成的任务和学习目标。这种明确性有助于学生集中精力，知道他们在学习过程中应该关注的核心内容。学生了解到，他们的自主学习活动与后续的课堂互动和实践活动密切相关，这激发了他们对学习的主动性和参与度。

　　最后，学生在课前自由安排学习时间，以适应自己的学习风格和节奏。这种自主性鼓励学生发展自主学习的技能，培养了他们的学习自觉性和管理能力。学生可以根据自己的需求，反复阅读材料或观看视频，以确保他们充分理解课程内容。

　　课前阶段是翻转课堂教育的基础，为学生提供了准备和自主学习的机会。教师的教学资源和明确的指导使学生能够有序地预习课程内容，而学生的自主性则为他们培养了更深层次的学习技能，为课中和课后的教育活动奠定了坚实的基础。这个阶段的成功实践可以在提高学生的学术表现和学习体验方面发挥着重要作用。

　　2.课中阶段

　　课中阶段是翻转课堂的核心，它为学生提供了一个互动和实践的平台，以巩固和应用他们在课前学到的知识。在这个关键的教育环节中，学生和教师都扮演着重要的角色，共同推动学习的深化和个性化。

　　在这一阶段，通过小组讨论、问题解答、实验、案例分析等活动，学生有机会运用他们的知识，思考复杂问题，并从多个角度探讨相关主题。这种主动参与有助于加深对课程内容的理解，提高学习的质量。教师可以根据学生的需求和进展来调整教学方法，确保每个学生都能够跟上课程进度。解答学生的疑问、帮助他们克服难点以及提供即时的反馈，都有助于学生更好地理解和应用知识。

　　此外，课中也鼓励学生与同学合作，共同解决问题和完成任务。合作学习培养了团队合作、沟通和协作技能，这些技能对学生未来的职业生涯和社交交往都至关重要。通过与同学合作，学生可以从不同的观点和经验中获益，拓宽了他们的思维方式。

　　课中阶段是翻转课堂教育的重要组成部分，它强调了学生的主动参与、个性化指导和合作学习。这个阶段的成功实施有助于提高学生的学术能力、问题解决能力和综合素质，使他们更好地应对复杂的现实世界挑战。通过互动和实践，学生不仅理解知识，还能将其应用到实际情境中，提高了学习的实效性和可持续性。

　　3.课后阶段

　　课后阶段有助于学生巩固知识、应用所学，并获得反馈以不断提高学术表现。在这个阶段，教师和学生都可以采取一系列行动来支持和促进学习的进展。

　　首先，学生可以利用课后时间来进行复习和巩固。他们可以回顾之前学习的内容，重新阅读材料或观看教学视频，以加强记忆和理解。这种反复学习的过程有助于学生巩固知识，确保它们不会被遗忘。其次，教师可以分配作业或项目，要求学生应用他们在课中学

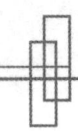

到的知识。这些作业可以包括问题解答、实验报告、小组项目等形式。通过完成这些任务，学生有机会将理论知识转化为实际操作，深化对课程内容的理解，并培养解决问题的能力。最后，教师在课后也可以对学生的学习成果进行评估，这可以通过测验、作业评分或项目评估来实现。评估不仅能够帮助教师了解学生的学术表现，还可以为学生提供反馈和建议，帮助他们改进学习策略和技能。

课后阶段的重要性在于它强调了学习的持续性和可测量性。学生通过复习和巩固来巩固知识，通过完成作业和项目来应用知识，通过评估来检验学术表现。这个过程有助于培养学生的自学能力、批判性思维和问题解决技能。同时，教师的反馈和评估可以引导学生朝着更高的学术标准努力，实现更好的学习成果。因此，课后阶段在整个翻转课堂教育中起到了关键作用。

二、翻转课堂的优势

翻转课堂教学模式代表了一种以学生先自主学习，再进行教学的方法，它强调自主性、互动性和个性化，有助于提升教学和学习的质量。这一教育模式本质上是一种教学形态的翻转，教学形态涵盖了教学主体、教学资源、教学载体和教学过程等方面，而翻转课堂的特点主要在于信息技术的应用，从而导致了教学形态的多种变化。翻转课堂的优势可以总结为以下几个方面。

（一）教学主体的优势

翻转课堂模式引入了多元性的教学主体，突破了传统的单一教师主导模式，为教育领域带来了众多优势。一方面，这一教育方法使教学主体变得多样化，不再仅限于教师和学生。教育过程中涉及家长、学校、社会和国家等多方面参与，构建了一个多极主体的教学环境。这种多元性丰富了教学的视角和资源，使教育更加综合和全面。另一方面，教学主体在翻转课堂中的角色是动态变化的，这为教育带来了灵活性和适应性。教师不再仅仅扮演知识的传授者，而更像学习的促进者和指导者。他们需要灵活地根据学生的需求和学习情境来调整自己的角色，提供个性化的支持和指导。例如，教师在制作教学视频时需要考虑学生的学习方式和需求，这种角色的动态性使教育更具针对性。

此外，翻转课堂注重教学主体之间的协商和合作。学生不再局限于教师作为唯一的知识来源，而是能够通过多方面的渠道获取知识。多主体之间的知识体系逐渐形成，促进了教学主体权威性的消解，实现了主体之间的民主和平等。这种协商性贯穿教学过程的各个方面，包括互动、知识分享、教学方式的选择以及课堂上下游各方的协商。翻转课堂为教学主体的协同合作提供了机会和平台，从而促进了综合性的学习和思维。

总之，翻转课堂的多元性教学主体模式为教育带来了丰富性、灵活性和协作性。这不仅有助于学生更好地参与学习，也提高了教育的效果和质量，使教育更加符合当代社会的需求。这种多元性教学主体的模式具有潜力推动教育领域的创新和进步。

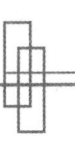

（二）教学资源的优势

首先，翻转课堂聚合了多种教学资源，与传统教学模式相比，不再依赖于有限的教材和教具。信息技术的应用使得教师和学生可以轻松地访问各种形式的资源，包括文本、图形、图像、动画、声音和视频等，从而增加了教学的多样性和灵活性。教师和学生可以根据具体需求选择不同类型的资源来支持他们的教学和学习。

其次，翻转课堂的教学资源具有全面性。这一全面性表现在资源的数量众多、质量高、内容全面且动态更新。学生和教师可以访问大量的资源，这为丰富课程内容和满足不同学习需求提供了机会。同时，教学资源的质量得到了提高，确保学生获取到高质量的教育内容。资源内容的不断更新也使得教学保持新鲜和具有吸引力，有助于提高学生的参与度和学习动力。

最后，翻转课堂注重资源的开放与共享。这种共享性包括教学前后的资源共享和学生之间的资源交流。教师可以在课前共享教学资源，为学生提供准备课程的机会，同时学生可以在课后共享他们的学习成果和资源，促进知识信息的传递和协作学习。这种开放性和共享性有助于满足不同教学主体的需求，促进了教育过程中的合作和交流，为教育发展带来更多的可能性。

综上所述，翻转课堂的教学资源优势在于多元性、全面性和共享性，这些特点丰富了教育过程，使教育更加灵活、适应性强，有望提高学生的学习效果和教育质量。这一教育模式的不断发展和创新将进一步丰富和改进教学资源的应用。

（三）教学载体的优势

翻转课堂教学模式以其特有的教学载体带来了多重优势，这些优势不仅提高了教学的吸引力，还增强了教育的效率和质量。首先，翻转课堂采用微课作为主要的教学载体，相较于传统的课堂教学，微课是一种短小而精炼的教育资源，以生动的方式呈现知识点，能够吸引学生的兴趣。这种创新的教学载体打破了传统以语言和教材为主要教学工具的限制，使知识更生动、更容易理解，从而提升了教学的吸引力和效果。

其次，翻转课堂模式具有高效性。采用信息技术和微视频等教学载体的方式，教学过程不再受时空的限制。学生可以自主选择学习的时间和地点，不再依赖于固定的课堂安排。这种高效性有助于学生更好地安排学习时间，提高学习效率，同时为教师提供了更多的灵活性，能够更好地满足不同学生的需求。这对在学习方面有不同需求和时间安排的学生来说，是一个显著的优势。

最后，翻转课堂注重立体性的教学内容呈现。通过多媒体教学载体，如微视频，翻转课堂能够以更生动的方式呈现教学内容，包括图片、音乐、故事等元素，使学习过程更加丰富多彩。这种多媒体的教学方式有助于学生更好地理解和记忆知识，提高了学习的深度和质量。学生可以通过视觉、听觉和互动等多个感官参与学习，这种立体性的教学内容呈现有助于激发学生的学习兴趣和提高他们的参与度。

总的来说，翻转课堂的这些特点提高了教育的吸引力和效率，有望为学生提供更具有

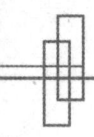

吸引力和效果的学习体验。这一教育模式的不断创新和发展将进一步丰富和改进教学载体的应用。

（四）教学过程的优势

翻转课堂鼓励学生在学习过程中发挥自主性。学生有权选择适合自己的学习材料、学习时间和学习地点。这赋予了他们更多的学习自主权，使他们能够更好地适应自己的学习风格和需求。学生不再被动地接受教师的教导，而是能够主动参与学习过程，自主决定学习的路径和速度。这种自主性激发了学生的主动性，有助于提高他们的学习动力和兴趣，使他们更积极地投入学习中。

在翻转课堂的教学过程中，教师和学生可以根据不同的教学环境和情境选择适合的教学方式和方法。这种灵活性使教育更具针对性，能够更好地满足不同教学主体的需求。教师可以根据学生的反馈和学习情况灵活调整教学计划，采取不同的教学策略。学生可以自主选择学习材料和方式，以适应他们的学习节奏和学科特点。这使教学更富有创造性和多样性，有助于提高学生的学习体验和教育质量。

另外，翻转课堂注重教学过程的把控。教师和学生都可以根据需要对教学进程进行把控，包括教学时间和进度。这种可控性有助于教育主体更好地管理和规划教学活动，确保教学目标的达成。教师可以根据学生的学习情况进行及时的调整和干预，以满足他们的需求。学生可以根据自己的学习计划和目标自主安排学习时间，提高学习效率。这种把控性有助于提高教育的有效性和可管理性，为学习者和教育者提供更多的自由和掌握教学的空间。

三、商务英语翻转课堂教学的实施

（一）翻转课堂准备阶段

1. 制作视频课程

在商务英语翻转课堂教学中，首先需要制作精心设计的视频课程，以提供学生自主学习的材料。这些视频课程应包含课程内容的详细介绍、案例分析、专业术语解释和相关练习题。视频课程需要具备以下特点。

（1）确保视频内容清晰、简明，避免冗长。

（2）尽量加入互动元素，如测验题、问题引导等，以激发学生兴趣。

（3）使用图表、图像和示范来帮助学生更好地理解内容。

2. 设计自主学习任务

在商务英语翻转课堂中，学生需要在课堂外完成一系列自主学习任务，以准备好与同学和教师在课堂内深度讨论。这些任务可以包括以下几个方面的内容。

阅读：指定相关教材或文章，以便学生掌握所需背景知识。

观看视频：要求学生观看制作好的视频课程，掌握主要概念。

作业和练习：提供练习题、案例研究或小组项目，以锻炼学生的应用能力。

3.学生自主学习

在课前，学生需要独立完成自主学习任务。这意味着他们需要在自己的时间内观看视频、阅读相关材料，并完成分配的练习。教师应提供明确的截止日期和资源链接，以便学生可以轻松访问所需材料。此外，建议教师鼓励学生主动提出问题，并为他们提供支持，以确保他们理解课程内容。

（二）翻转课堂课内阶段

1.学生合作探究

在商务英语翻转课堂的课内阶段，学生将课堂时间用于合作探究和互动学习。这个阶段的重点是促进学生之间的合作，以解决复杂的问题和深入探讨课程内容。以下是一些实施细节。

小组讨论：学生可以分成小组，讨论他们在自主学习任务中遇到的问题、挑战和见解。这样的小组讨论有助于学生分享不同的观点，相互学习，并一起解决问题。

案例分析：使用真实的商务案例来激发学生的兴趣和学习动力。学生可以分析案例，提出解决方案，并与其他小组分享他们的分析。

角色扮演：学生可以扮演不同的商务角色，模拟会议、谈判、客户服务等情境，以实践商务英语的实际运用。

项目合作：教师可以布置小组项目，要求学生在课堂内共同合作完成。这样的项目可以包括市场研究、商业计划编制、团队报告等。

2.教师解惑拓展

教师在商务英语翻转课堂的课内阶段扮演着引导和支持的角色。以下是一些教师在这一阶段的职责和行动。

（1）解答疑问：教师应积极回答学生在自主学习过程中产生的问题，澄清疑惑，帮助学生理解复杂的概念和术语。

（2）拓展知识：教师可以提供额外的信息、案例研究或深入阅读材料，以帮助学生更深入地理解课程内容。

（3）引导讨论：教师可以引导学生的小组讨论，提出主要问题，促进有意义的交流，确保讨论与课程目标一致。

（4）评估学习：教师可以通过观察学生的讨论和合作过程，以及收集项目成果和作业，来评估学生的学习进展。

通过这一课内阶段的实施，商务英语翻转课堂鼓励学生积极参与、合作学习，帮助他们更好地理解和应用商务英语技能，同时为教师提供了机会定制更有针对性的教学和支持。这种教学方法有助于提高学生的参与度、创造力和批判性思维能力。

（三）翻转课堂课后阶段

1.学生巩固练习，自主纠错

在商务英语翻转课堂的课后阶段，学生继续巩固他们在课内阶段获得的知识和技能。

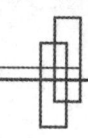

学生应该进行进一步的练习，以强化他们的商务英语技能。这可以包括阅读额外的文章、书写商务文档、参与在线模拟或角色扮演等。在这一阶段，学生需要主动发现并纠正他们在学习中的错误和不足。他们可以使用教师提供的反馈，或者利用在线资源和语言工具进行自主学习和纠错。最后，学生可以根据自己的需求和兴趣选择进一步的学习材料。这有助于个性化学习，满足不同学生的学习速度和需求。

2.评估与反思

课后阶段涉及对学生的学习成果进行评估和反思。

教师可以分发作业或测验，以评估学生对商务英语知识和技能的掌握程度。这些评估可以帮助学生了解他们的强项和弱点。教师应提供详细的反馈，指导学生在哪些方面可以改进，鼓励他们继续努力。学生可以被要求写学习日志或反思报告，总结他们在课程中的学习经验、挑战和成长。教师和学生可以一起回顾整个翻转课堂教学过程，探讨教学方法的有效性和改进建议。

通过这一课后阶段的实施，学生有机会巩固他们的商务英语技能，发现并纠正错误，同时能够接受有关他们学习进展的反馈。这有助于持续提高他们的商务英语水平，使其在实际工作和职业生涯中能够更好地应用所学知识和技能。

第四章　创新技术支持下的商务英语教学

第一节　商务英语多模态教学模式构建

在当今快速发展的科技时代，计算机、多媒体设备以及其他新兴传媒技术已经深刻地改变了我们的交流方式。人与人的沟通不再受限于单一的文字表达，而是融合了声音、视觉、图像、媒体和设计等多种符号资源，构建了丰富多彩、协同互动的信息传递途径，这即是所谓的"多模态"交流。多模态理论的广泛应用，使教育领域不再依赖于单一的语言（文字）来进行知识传授，而是创造了多种教学方法和模式相融合的多模态教育体系。这一变革不仅拓展了教学的可能性，也为学习者提供了更加丰富、深入的学习体验。多模态教育已经成为适应信息社会的必然选择，为学习者提供了更全面的知识传递方式，使他们可以更好地适应复杂多变的社会环境。

一、多模态教学概述

（一）多模态教学的定义

在对多模态教学下定义之前，我们需要了解什么是模态？什么是多模态？

在语言和通信领域，模态指的是信息传达的方式或符号系统。这包括不同的感官通道和符号资源，用于表达和传递信息。模态包括但不限于以下几种。

①视觉模态：通过视觉感官通道，人们可以接收和理解信息。这包括文字、图像、图表、图形和视频等可视元素。

②听觉模态：通过听觉感官通道，人们接收声音和语音信息。这包括语言、音乐、声效等。

③触觉模态：触觉感官通道允许人们通过触摸感知和理解信息。触觉信息可以包括硬度、质感和温度等。

④嗅觉模态：嗅觉感官通道允许人们通过嗅觉感知气味和香味信息。

⑤味觉模态：味觉感官通道允许人们通过尝味感知食物和液体的味道。

每种模态都代表了一种特定的感官或符号系统，具有不同的语言和表达方式。

多模态则用于描述涉及多个感官通道或符号系统的信息表达和交流方式。多模态方法结合了包括文字或口头语言的多种形式的信息传递，具体包括视觉、听觉、触觉、嗅觉、

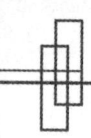

味觉等多种感官通道，以及文字、图像、音频、视频、动画等多种符号资源。多模态通常涉及同时使用三种或更多的感官通道，以提供更全面和更有表现力的信息交流。这种方法旨在更好地满足不同受众的需求，促进更深入的理解和学习。

多模态理论的起源和发展可以追溯到 20 世纪 90 年代，当时兴起了话语分析理论，该理论强调语言不仅仅是一种书面或口头的交流方式，还包括了其他多种符号资源的使用，如图像、声音、动作等。多模态理论通过研究不同模态之间的互动和协同作用，探讨了信息的交流和意义的建构方式。

最早关于多模态的研究成果之一可以追溯到 1977 年，法国文化批评家罗兰·巴尔特的论文《图像的修辞》，他从表达意义的角度探讨了图像与语言的相互作用，尽管当时多模态话语分析的研究还未成体系，但这篇论文可以仍被视为多模态研究的萌芽。

1996 年，新伦敦小组成员在其著名的研究论文《多元读写：社会语境中的认知与识字》中提出了多元读写教育理论，强调语言和文字不再是唯一的交流方式，而是与其他符号资源（如图像、声音、动作等）结合使用的一部分。他们主张在教育中采用多模态的教学方法，以更好地满足现代社会的需求，培养学生的多元读写能力。这一理论框架随后演化为现代多模态教学理论，将多模态理论引入语言教育领域。

在多媒体技术、语言工程研究和语料库的发展下，多模态研究得以进一步拓展和深化。一些重要的学者和研究团队，如古恩特·克雷斯和西奥·范·李温，提出关于模态和媒体之间的关系以及多模态认知理论的理论基础。他们的研究成果包括多模态话语分析的方法和模型，以及如何利用多种模态来进行有规则的意义表达等问题。

（二）多模态教学的理论基础

1. 人本主义理论

多模态教学的理论基础之一是人本主义理论，这一教育理论强调着眼于学习者的需求和兴趣，自主学习、人际关系和整体发展等关键概念。在多模态教学中，这些重要原则得到了充分体现和应用。

首先，人本主义理论强调学习者的需求和兴趣，将学生视为活跃的、自我实现的个体。在多模态教学中，这意味着教师应该采用多样化的感知通道和媒体，以满足不同学生的学习需求。通过多种媒体的运用，教师能够更好地适应学生的多样性，因此，学生更容易与学习内容产生共鸣，提高他们的参与度和学习动力。其次，人本主义理论鼓励自主学习，认为学生应该在学习过程中主动参与。多模态教学有助于培养学生的自我管理和自主学习能力。通过提供多种媒体和资源，学生可以根据自己的学习风格和兴趣选择学习方式，从而建立更有效的学习策略，提高他们的学习效果。人本主义理论还重视人际关系和情感因素，认为学习是社会性的过程。多模态教学可以促进学生之间的协作和交流，以及学生与教师之间的互动。通过多媒体的运用，学生更容易分享想法和经验，建立积极的人际关系，促进情感发展，从而创造一个更有温暖和支持的学习环境。最后，人本主义理论关注整体人的发展，包括认知、情感和身体层面。多模态教学可以支持这种整体性的发

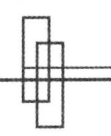

展，因为它允许学生在不同感知通道上进行综合学习，涵盖了多方面的能力和技能。通过多媒体，学生可以更全面地探索和理解世界，培养综合素质，促进整体人的成长。

2.学习风格理论

学习风格理论关注个体学习者如何偏好不同的学习方式、方法和环境，以更有效地获取和理解知识。这个理论认为，每个人都有独特的学习风格，即他们在学习时选择的方法和策略，以满足他们的认知需求和偏好。学习风格理论涉及多个框架和模型，其中最著名的是基于感知方式、处理方式和环境偏好的不同分类。

在多模态教学中，学习风格理论提供了一些重要的启示。

第一，多模态教学可以根据不同学生的学习风格提供个性化的学习体验。例如，某些学生可能更倾向于视觉学习，因此可以使用图像、图表和视频等视觉媒体来满足他们的需求。其他学生可能更喜欢听觉学习，因此可以提供音频内容。个性化学习可以增加学生的参与度和理解深度。学习风格理论强调了学习者可能在不同的情境和时间内使用不同的学习风格。多模态教学可以提供多种感知通道，允许学生在不同情境下综合使用不同的学习方式。这种综合学习有助于学生更全面地理解和应用知识。

第二，多模态教学要求教师提供多样化的教育资源，包括文字、图像、音频、视频等。这反映了学习风格理论中的多样性原则，以满足学生的不同偏好。这样的多样性可以增强学生的学习体验，减少学习障碍。学习风格理论强调学习的积极性，多模态教学可以通过吸引学生的兴趣和提供互动性的学习体验来实现这一点。例如，使用多媒体和互动模块可以激发学生的好奇心和积极性，鼓励他们更深入地参与学习。

总之，学习风格理论强调了学习者的多样性和个性化需求，多模态教学可以通过提供多种感知通道和媒体，以满足不同学习风格的学生需求。这种方法有助于激发他们的兴趣，提高学生的学习效果，促进个性化和综合性学习。

3.多元智能理论

多元智能理论是由心理学家霍华德·加德纳于1983年提出的一种教育理论。该理论认为人类拥有多种不同类型的智能，而不仅仅是传统智力测试所涵盖的智力因素。根据多元智能理论，每个人都在各种智能领域中有不同的强项和弱项，这些智能领域是独立的，相互补充的。加德纳最初提出了七种主要的智能类型，后来又增加了一种。

以下是多元智能理论的主要智能类型。

语言智能：这种智能涉及语言的使用和理解，包括口头和书面表达、词汇、语法等。主要涉及人们在写作、演讲、解释和交流方面表现出不同程度的语言智能。

逻辑—数学智能：这种智能涉及逻辑推理、数学问题解决、分析和抽象思维。人们在数学、科学和逻辑方面表现出不同程度的逻辑—数学智能。

空间智能：这种智能涉及对空间的感知、理解和处理，包括空间导航、图形和图像识别等。人们在绘画、建筑、地图阅读等方面表现出不同程度的空间智能。

音乐智能：这种智能涉及对音乐的感知、理解和表达，包括音乐创作、演奏、乐理

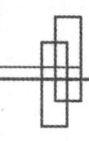

等。人们在音乐领域表现出不同程度的音乐智能。

体育智能：这种智能涉及身体协调、运动技能、空间感知和体育表现。人们在各种体育活动中表现出不同程度的体育智能。

人际智能：这种智能涉及理解和与他人建立联系、协作和沟通的能力。人们在社交和人际互动方面表现出不同程度的人际智能。

自我智能（后来加入）：这种智能涉及自我认知、情感管理和自我了解。人们在了解自己、管理情感和自我反思方面表现出不同程度的自我智能。

多元智能理论强调了每个人的潜在智能多样性，并认为教育应该更多地关注和支持学生在多种智能领域的发展，以满足他们的个体需求和潜力。在多模态教学中，这一理论提供了重要的启示，鼓励教师使用不同的媒体和方法，以便各种类型的智能都能得到充分的培养。例如，通过音乐、视觉和动手的学习活动，教师可以激发学生的不同智能，并促进他们全面发展。这有助于提高教育的个性化和多样性，满足学生的多元智能需求。

4.多感官学习理论

17世纪，捷克教育家夸美纽斯提出了一项重要教育原则，他强调了将教育内容和体验与多种感官相结合，以提高学习效果。他认为，如果一个事物能够同时通过多个感官渠道传达信息，那么它应该与这些感官一起互动，这样学习效果就会更好。这一理念强调了感知多样性对学习的重要性。俄罗斯教育心理学的奠基人乌申斯基强调了在教学过程中调动学生多个感官器官的协同活动。他认为，通过创造多感官体验，可以更有效地促进学生的知识掌握，因为不同感官的参与可以使学习更加深入和牢固。其后，意大利儿童教育家玛丽娅·蒙台梭利开创了多感官学习法。她的研究表明，当儿童全身心地参与学习，特别是通过动手实践时，学习效率更高，知识更容易被理解和记忆。这一方法通过积极的参与和感知提高了学习效果。

多感官学习是一种学习方式，通过不同的感官通道，如视觉、听觉、触觉等获取信息，以提高对事物的理解。这种方法有助于将抽象的知识具体化，使之更具形象化和感性化，从而增强对知识的理解和运用能力。

在多模态教学中，多感官学习理论提供了重要的指导原则。教师可以使用各种教育资源，包括文字、图像、音频、视频和实验等，以满足不同学生的多感官需求。这种方法有助于提高学生的学习效果，增强他们的学习体验，同时促进多样性和个性化学习。

5.认知负荷理论

认知负荷理论是由约翰·斯万德和威廉·斯万德于20世纪80年代提出的，它是一种关于人类认知过程和学习的理论。该理论强调了认知系统有限的处理能力，以及学习过程中的认知负荷对学习效果的影响。认知负荷理论主要包括三个关键概念：认知负荷、长期记忆和工作记忆。

（1）认知负荷

认知负荷是指在特定任务或学习活动中，需要投入认知资源来处理信息的量。认知资

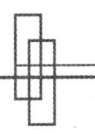

源包括注意力、工作记忆和处理能力等。任务的认知负荷可以分为三种类型：内部认知负荷、外部认知负荷和辅助认知负荷。

内部认知负荷是与任务本身的复杂性和难度有关的认知负荷。它与任务的本质相关，例如，解决复杂数学问题的内部认知负荷通常比简单问题高。

外部认知负荷是由任务外部的因素引起的认知负荷，例如，分散注意力的噪音、复杂的图表或不清晰的教学材料。

辅助认知负荷是指与学习和理解任务相关的认知负荷，这种负荷有助于学习过程。它涉及将信息转化为长期记忆、建立理解和解决问题。

（2）长期记忆

长期记忆是存储知识和信息的地方，它具有无限的容量。根据认知负荷理论，学习的目标是将信息从工作记忆转移到长期记忆中，使之能够长期保留。

（3）工作记忆

工作记忆是暂时存储和处理有限数量信息的地方，它有限的容量限制了人们能够同时处理的信息量。认知负荷理论强调，学习任务应该设计得能够减轻工作记忆的负荷，以便学习者更好地处理信息。

认知负荷理论强调了减少学习任务中的认知负荷的重要性。在多模态教学中，使用多种感官通道，如视觉、听觉和触觉，以及多媒体资源，会增加学习者的信息处理需求。因此，教育者应设计学习材料和活动，以尽量降低学生的认知负荷，使其更容易处理信息。

认知负荷理论鼓励互动性学习，其中学生可以积极参与，以减轻认知负荷。互动性学习可以包括讨论、问题解答、实验等，这些活动有助于学生更深入地理解知识。

同时，考虑到不同学生的认知负荷承受能力不同，多模态教学应该个性化。根据学生的需求和能力，提供不同层次的学习资源和支持，以满足学生各自的学习要求。

二、将多模态教学模式应用于商务英语教学的思考

多模态教学不仅仅是对传统教学方法的有益补充，它也代表了英语教学领域的一项创新和改革。特别是在商务英语教学领域，由于其多元性，多模态教学可以被视为英语教育方法的重要改进，同时反映了英语教育改革的成果。商务英语教学包括多门不同的课程，每门课程都有其独特的特点和教学目标，因此，教师需要根据不同的课程要求，有针对性地选择适当的多模态教学方法，以激发学生的学习兴趣和积极性。因此，多模态教学需要制定合适的策略，以便根据不同课程的需求，调整教学方式。

（一）分析课程特点

教学的有效性在很大程度上取决于对课程特点的深刻理解。这种理解需要结合课程的教学时长和教学目标的要求，以确定内容的深度和难度。同时必须考虑学生的特点，包括他们的学习基础和知识吸收能力，以便因材施教，为他们选择最合适的教学模式和方法。

在选择多模态教学模式时，教师需要考虑不同的教学任务和目标。例如，当教师教授

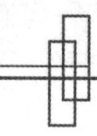

商务英语的概念知识时，可以采用传统的课堂书面教学，通过口头讲解的方式传授知识。对商务英语的听说课程，教师可以选择在语音实验室中进行教学，利用多媒体教学资料来提高学生的听力和口语表达能力。

这一点不仅适用于多模态教学，也可以在传统教学模式中实现。通过理解课程特点，教师可以更好地满足不同教学任务和学生需求，从而提高教学的质量和效果。

（二）多模态教学的有效运用

在多模态教学中，选择适当的模态和合理调用它们至关重要。教师需要深入了解不同模态如何构建意义，并明确它们之间的协同作用。只有这样，才能在使用多种模态时做到合理而准确，最大限度地提高教学效果。

现代教育技术为教育带来了新的可能性，不再局限于传统的书本授课方式。这些技术不仅具有趣味性，而且吸引力强。多模态教学方法可以为课堂注入多元化因素，但如果没有考虑模态的选择，可能就会适得其反。此外，如果不正确处理不同模态之间的协同关系，就可能分散学生的注意力，对听课效果产生负面影响。

在选择教学模态时，一个重要原则是确定一个主要模态，辅之以其他模态，以确保课程的一致性和连贯性。同时，要追求模态选择的最优化和简化，避免过多的复杂性。总的原则是要充分利用现代媒体技术，以最大限度地表达讲话者的意义，以达到最佳的教学效果。因此，模态的选择应该经过深思熟虑，以满足教学目标和学生需求，从而提高教育的质量和吸引力。

（三）鼓励学生的多模态学习

商务英语教师在多模态教学中的关键是激发学生的多模态学习潜力。多模态教学的推广有助于培养学生对知识信息的多方面理解和处理能力。多模态教学涉及在多媒体环境中，教师通过协同运用文字、图像、声音、手势语言、身体语言等多种方式，以最优和最有效的方式传达信息，同时指导学生如何使用多种模态来理解信息，构建意义，以完成教学任务。

教学内容可以分为语篇内容和非语篇内容，其中教材通常属于语篇内容，而多媒体资源如图片、视频、音频则属于非语篇内容。学生需要具备多模态识读的能力，不仅要理解语篇信息，还要能够解读非语篇信息。在多模态教学中，教师应当运用多媒体和网络资源，充分利用多模态知识获取信息，将其合理整合后传递给学生。一个成功的多模态英语教学课堂应该创造多模态环境，鼓励学生进行多元化互动，提供良好的感知环境，以帮助学生更好地吸收信息、提高学习效果和记忆力，同时增强他们的多模态识读和英语交际能力。

多模态教学方法打破了传统课堂互动有限的限制，使多媒体教学更加丰富多彩。学生在享受多模态教学的乐趣的同时，也在课后能够自主进行基于网络教学平台的多模态学习，进一步提高他们的英语技能和综合素养。

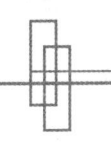

（四）与传统教学模式相融合

尽管网络学习可以实现某些教育目标，但它不能完全替代传统的课堂教学。传统教学模式相对单一，因此多模态教学因其能够充分利用现代教育技术，模拟真实情境，具有独特的优势。各种媒体和模态之间具有互补性。在大学商务英语课堂上，不但可以利用语音室播放影视片段，还可以在多媒体教室中展示包括文字、图片和色彩等多模态元素的 PPT课件，以实现最佳的教学效果。

然而，学生在多媒体网络技术的学习环境中，如果没有教师的指导，就可能无法达到预期的学习效果。因此，在传统教学的同时，教师需要培养学生对多模态信息的认知和解读能力，积极参与多模态网络教学平台的开发，鼓励学生积极参与网络课程。这样可以使学生在课堂之外也能够得到教师的指导，促进师生之间的多模态互动。通过将传统教学与多模态网络教学平台相结合，可以为学生提供更为全面和多样化的学习体验，促进他们在不同教学环境下的综合发展。

三、商务英语多模态教学模式的构建

在大学商务英语教学中，采用多模态教学模式可以有助于解决"费时低效"问题，提高教学效果。以下是构建商务英语多模态教学模式的措施。

（一）设置灵活和动态的多模态课程体系

设计设置灵活和动态的多模态课程体系主要包括下面几点。

1. 主干课程和专业限选课程

根据商务英语的不同应用领域和学生的学术水平，设置主干课程，涵盖核心知识和技能，同时提供专业限选课程，以满足个性化学习需求。这种设置可以使学生在自己感兴趣的领域内进行深入学习。

2. 模块化课程设计

将课程内容划分为模块，每个模块包含多个教学单元。学生可以根据自己的需求和兴趣自由选择和搭配这些模块，以制订自己的学习计划。这种模块化方法提供了更大的灵活性。

3. 多种教学方法的有机组合

采用多种教学方法，如传统课堂教学、在线自习、项目式练习等。这种多样性有助于满足不同学生的学习风格和偏好，以及培养综合能力。

4. 案例为中心的课程过程设计

将课程过程围绕实际案例展开，融入模拟实操、论坛讨论、角色扮演等互动环节。这种方法有助于提高学生的参与度和实际应用能力，使他们更好地理解商务英语在实际场景中的应用。

5. 多样的教学资源

配置多种教学资源，包括在线视频学习、群组学习交流等。这样，学生可以根据自己

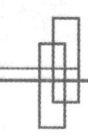

的需求选择适当的资源，以支持他们的学习过程。

6.过程评价与闭环调整

定期评估学生的学习进展，并根据反馈结果和学生表现来调整课程内容和教学方法。这可以确保教学质量和内容的及时更新，以适应不断变化的商务环境。

通过这些措施，可以构建一个适应性强、个性化程度高的多模态课程体系，有助于学生更有效地学习商务英语，并为他们在商务领域的成功发展提供坚实的基础。同时，教师需要不断提升自己的教学能力，以更好地应对这一多样化的教学模式。

（二）探求开放和创新的多模态教学形式

教师和学生在商务英语多模态教学中应积极尝试新方法，结合不同的媒体和工具，以提高课程的吸引力和互动性。

1.课堂展现形式

多样化的课堂展现形式可以增加学生对学习的兴趣和动力。小组讨论、角色扮演和实际案例分析可以使学生更深入地理解和应用商务英语知识。使用多媒体资源，如 PPT、音频和视频，可以生动地呈现信息，帮助学生更好地理解和内化所学内容。

2.第二课堂活动

第二课堂活动提供了将课堂内外的语言知识与实际实践相结合的机会。实地考察、模拟商务活动和企业参观等活动使学生能够在真实环境中应用商务英语，提高他们的实际操作能力。

3.商务仿真软件和平台

商务仿真软件和平台允许学生在虚拟商务环境中进行模拟操作，提高实际应用和决策能力。这些工具可以为学生提供一个安全的练习场所，可以在其中体验真实的商务情境，帮助他们更好地准备职业。

4.比赛和项目

通过各种比赛和项目任务，学生可以展示他们的商务英语技能。这些比赛可以包括英语演讲、电影话剧配音、英文歌曲表演等，允许学生用不同的方式展示他们的语言技能和表达能力。这些活动还有助于培养学生的自信心和竞争力。

结合这些多模态的教学形式和活动，商务英语教育可以更富有创意、生动和具有挑战性。教师需要积极探索和采用这些方法，以满足学生的需求，提高他们的综合语言能力和实际运用能力，为他们未来的职业发展提供坚实的基础。同时，教师的不断学习和提升是非常关键的，以确保他们能够有效地引导学生。

（三）营造多模态的浸入式学习环境

创建一个多模态的沉浸式语言学习环境是推动英语学习者获得有效语言输入的前提，也是英语教学的有效策略。教师可以利用各种符号资源，如图像、文字、声音和多媒体设备，来创建这样的环境。例如，教师可以张贴物品的图片，播放特定单词的视频或音频片段，甚至播放电视节目或歌曲来引起学生的兴趣，从而帮助他们更好地记忆单词和表达方

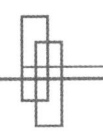

式。此外，教师还可以设立专门的英语语言角落，举办英语沙龙或英语角活动，邀请外教参与，以促进师生之间的英语交流。另外，教师可以提供英文书籍、报纸、期刊、杂志、英文歌曲和电影等学习材料，还可以安装英语学习软件，定期更新英语学习方法的网站。此外，教师可以组织留学生夏令营、英语比赛和文化活动，以多种方式培养学生的英语思维和语言运用能力。

一些相关的多模态支持措施包括，教师可以利用假期时间来鼓励学生掌握与专业课程相关的背景知识，或推荐相关的额外阅读材料，以拓展他们的专业知识。学生可以通过多种方式获取信息，降低专业课程学习中的难度，促进新知识的理解和记忆。此外，根据不同英语水平的学生，个性化教学是重要的，可以为有困难的学生提供额外的辅导。教师可以通过游戏、案例分析和作业等方式来巩固学生对课程理论的理解。

（四）构建多模态评估手段

多模态化的教学评估的主要目的是更全面地了解学生的学习情况和能力发展。其中，形成性评估被认为是评估过程中的核心环节。形成性评估关注学生在学习过程中的持续进展，它可以采用多样化的方式进行，如口头语言实践操作和书面作业等。这包括口头报告、商务短剧表演以及项目设计书面报告等形式，以充分考查学生在口头和书面交际方面的能力。

首先，教师可以借助多媒体资源来增强形成性评估的效果。学生可以被鼓励使用图像、音频和视频等多媒体元素来支持他们的口头和书面表达，从而提高其表现的吸引力和清晰度。这种评估方式不仅可以检测学生的多模态资源利用能力，还可以培养他们在信息传达方面的技能。

其次，除了口头和书面形式的评估，多模态的教学评估还可以包括其他形式，如微课制作、邮件交流或社交媒体上的交流。这些方法通过更好地模拟了真实商务环境来评估学生的实际应用能力和跨文化交际技能。此外，多模态评估应考虑学生的隐性能力，如团队协作和创新意识。教师可以通过观察学生在团队项目中的表现、评估他们解决问题的创造性能力等方式来评估这些隐性技能。

最后，教学评估的目标是考查学生的商务英语综合应用能力。这可以通过要求学生制作丰富的微课作品，并在课堂上展示来实现。师生互评和同学间互评相结合，提供更全面的反馈，帮助学生改进和提高其综合能力。多模态的教学评估方法不仅使评估更加全面，还促进了学生在不同方面的发展，提高了他们的综合能力和应用技能。这对培养具备综合素养的学生非常重要。

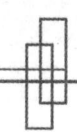

第二节 智能时代商务英语移动学习新模式

英语移动学习模式是当今教育领域中备受关注的创新方法之一，其结合了移动技术和英语教育，为学生提供了更加便捷、灵活、个性化的学习体验。随着信息技术的不断发展和移动终端的推陈出新，英语移动学习模式得以进一步升级和优化。本节将探讨商务英语的移动学习模式，探讨如何利用移动学习来改善商务英语学习过程，提高学生的英语语言技能。

一、移动学习概述

（一）移动学习的概念与特点

移动学习（Mobile Learning，简称 M-learning）是一种教育和培训方法，它基于移动技术，允许学习者在不受时间和地点限制的情况下获取知识和技能。它通过移动设备（如智能手机、平板电脑、笔记本电脑等）和移动应用程序来支持学习过程。以下是移动学习的主要特点。

1.灵活性和便携性

移动学习的主要特点之一是学习的灵活性和便携性。学习者可以随时随地访问教育资源，无需依赖传统的课堂环境。这使得学习者能够根据自己的时间表和需求来自由安排学习。

2.多媒体和互动性

移动学习可以结合多种媒体，包括文本、图像、音频和视频，以提供更丰富的学习体验。此外，移动学习应用程序通常包含各种互动元素，如测验、游戏和社交互动，以增强学习效果。

3.个性化学习

移动学习应用程序通常能够根据学习者的兴趣、进度和需求提供个性化的内容和建议。这有助于更好地满足每个学生的独特需求，使学习更具有效果。

4.实时反馈

移动学习平台允许教育者提供即时反馈和评估，帮助学习者了解他们的进展并改进学习方法。这种及时的反馈对提高学习效果至关重要。

5.跨平台支持

移动学习应用程序通常具有跨平台兼容性，可以在不同类型的移动设备上运行，从智

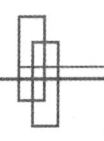

能手机到平板电脑，确保广泛的学习受众。

6.学习资源的数字化

通过移动学习，课程材料、教科书和其他学习资源可以以数字形式存储在移动设备上。这使得学习者可以随时随地访问它们，无需携带大量纸质教材。

尽管移动学习具有众多优点，它还是会面临一些挑战，如移动学习依赖于稳定的互联网连接和适当的硬件设备，因此，学习者需要访问这些技术资源。还有在线教育资源良莠不齐，难以确保移动学习内容的准确性。移动学习涉及学生的个人数据和隐私，因此需要有效的数据保护和安全措施，以确保学生信息的安全。

然而，随着移动技术的不断发展和改进，移动学习已经成为教育领域的重要趋势之一。它可以提高学习的可及性和灵活性，促进个性化学习，增强学习互动性，并为学生提供更多的学习机会。移动学习有望在未来继续发展，并在不同领域的教育和培训中发挥重要作用。

（二）移动学习的理论基础

移动学习作为一种创新的教育模式，自提出以来便受到了广泛的关注和迅猛的发展。其实际应用的基础与诸多学习理论有着密不可分的关系。以下这些理论为移动学习的应用和发展提供了坚实的理论基础。

1.非正式学习理论

非正式学习理论强调了学习并不仅限于传统的学校或培训环境，而是一个不断的、多样性的过程，与个体的日常生活紧密相连。这一理论认为，学习者在各种非正式的情境中获取知识和技能，这些情境可以包括家庭、社交圈子、工作场所、社会活动等。学习的过程常常是自主的，学习者根据自己的兴趣和需求选择学习内容和方法。这种个性化和自主性的学习使每个学习者都能够根据自己的情况和目标来制定自己的学习路径。

社交互动在非正式学习中起着关键作用。学习者通过与他人分享和讨论观点、经验和知识，获得新的见解和理解。这种社交互动有助于扩展学习者的视野，促进了知识的共享和传递。此外，非正式学习通常与解决问题或完成任务相关联。学习者在面临具体挑战或需求时积极寻找相关信息和技能，这种问题导向的学习有助于知识的应用。

非正式学习的来源多种多样，包括日常经验、媒体、互联网、社交媒体、导师、同事和朋友等。这意味着学习者可以从不同的渠道获取知识，丰富他们的学习体验。最重要的是，非正式学习强调了学习的情境化，即学习与特定情境和环境密切相关。这种情境化的学习使知识更易于被应用到实际生活中，增加了学习的实用性。

2.建构主义学习理论

建构主义学习理论强调了学习过程中学习者的积极参与和知识的主动建构。在这一理论中，学习被视为一个主动的、个体中心的过程，学习者通过与外部世界互动，构建自己的知识体系。首先，建构主义理论认为学习是积极主动的，学习者不仅是被动地接收信息，而是积极地参与思考、探索和实践，从而建构新的知识。这种主动性有助于学习者更深入地理解和掌握所学内容。学习者通过与他人分享和讨论观点、经验和想法，从中获得新的见解和知识。这种社交互动不仅丰富了学习的内容，还促进了思维的发展。教育者在移动学习中可以鼓励学习者通过社交媒体、在线协作工具和讨论论坛等方式参与互动，以促进知识的共建和分享。根据这一理论，学习者不仅仅是被动的接受知识，而是根据自己已有的知识和经验，通过与新信息的互动，构建新的理解和知识结构。这种个性化的知识建构过程使每个人的学习路径都可以是独特的，因为它受到个体的背景和经历的影响。另外，建构主义学习理论还强调学习的情境化，即学习与特定情境和环境密切相关。这意味着学习者需要处于富有挑战性和启发性的情境中，以激发他们的思维和学习动力。在移动学习中，教育者可以利用虚拟现实、情境化的教育应用程序和模拟环境等工具，创造具有挑战性的学习情境，帮助学习者更好地理解和应用所学知识。

在移动学习中，这一理论可以为教育者提供指导，帮助他们设计能够激发学习者积极参与和知识建构的教育应用程序和课程。建构主义学习理论的原则有助于提高学习者的参与度和深度理解，使他们更好地应对复杂的知识和问题。

3.情境认知理论

情境认知理论认为，学习不是孤立发生的，而是与学习者所处的情境和环境密切相关的。情境可以包括物理环境、社会环境、文化背景以及任务和问题的特定情境。学习者通过与这些情境互动，获取新知识和理解。在情境认知理论中，认知过程被视为与情境之间的相互作用。学习者的思维、记忆和问题解决能力受到他们所处情境的影响。这意味着相同的知识在不同情境下可能会被理解和运用得不同。

情境认知理论强调学习的情境化性质，即学习的应用性和实际性。学习者在实际情境中获得的知识更容易应用于类似的情境中，因为他们已经在实际环境中进行了练习和应用。

在移动学习中，情境认知理论的原则可以被应用于设计教育应用程序和课程。教育者可以利用移动技术创造多样化的情境，提供与实际情境相关的学习体验。此外，社交互动工具和协作平台还可以促进学习者之间的知识共建和分享，增强学习的实际应用性。

二、移动学习在商务英语教学中的可行性和必要性

（一）可行性

商务英语移动学习在当前环境下显然具备极高的可行性。首先，考虑到高校学生智能手机的普及率以及校园无线网络的逐步完善，大部分大学生已经具备了移动学习所需的基本硬件和网络条件。这使得他们能够随时随地使用手机等移动终端进行商务英语学习，而不受时间和地点的限制。

其次，根据相关调查数据，大学生对利用移动终端学习商务英语持积极态度，他们认为这种多元化的学习方式能够提高学习效率。这表明学生已经有了对移动学习的认知基础，并期望教育机构能够充分利用这一工具。此外，大学生在商务英语学习中的需求也呈

多元化趋势，他们使用移动终端进行单词查找、文本翻译、听力练习等各种学习活动。这种多样性的需求表明，移动学习可以满足不同学生的不同学习需求。

最后，大学生普遍使用的英语类手机应用软件和社交媒体平台，如有道词典、英语趣配音、微信、QQ 等，已经成为他们英语学习的有力工具。这些工具提供了便捷的学习资源和互动机会，为学生提供了更加灵活和个性化的学习方式。同时，学生对新型学习方式的接受度较高，这表明他们已经习惯了利用移动终端进行学习，有望更好地融入移动学习的模式中。

总之，基于学生广泛的智能手机普及率、积极的认知态度、多元化的学习需求以及对新型学习方式的接受度，商务英语移动学习具备了显著的可行性。利用移动终端，尤其是智能手机进行商务英语学习，已成为学生学习的重要方式之一，有望进一步推动商务英语教学的创新和提高学生的学习体验。

（二）必要性

现代教育需要主动适应新时代学生的学习方式和特点，尤其要关注移动学习理论的最新发展。然而，目前商务英语教学的信息化程度较低，教学改革进展缓慢，学生和教师常常陷入机械重复的知识点和技能训练中，效率低下。这一现象的原因多方面，既包括课时有限、班级庞大、学生水平差异明显等客观限制，也包括陈旧的教学理念和方法。融入移动学习为传统教学提供了一种新的机会。移动学习在语言教学方面具有明显的优势，可以改变传统课堂的教学方式，使之更加灵活和适应学生的需求。

第一，移动学习能增加语言输入，利用学生的碎片时间。传统的商务英语教学受制于有限的课时和教室环境，而移动学习允许学生随时随地访问各种英语学习资源，包括文章、视频、音频等。首先，这意味着学生可以在课堂之外接触更多英语内容，增加语言输入的机会。这种不受时间和地点限制的学习方式，更符合现代学生碎片化和离散性的认知特点，可以有效提高学习的效率和质量。其次，移动学习有助于整合学生的零碎学习时间，充分利用他们的空闲时光。现代学生生活节奏快，有许多零散的时间段，如等待朋友、坐公交车、课间休息等。这些时间本来可能被浪费，但通过移动学习，学生可以随时拿出手机或其他移动设备，进行英语学习，使碎片化的时间得到了充分利用。这种学习方式为学生提供了更多学习的机会，加强了他们对英语学习的投入度。

第二，移动学习可以创造丰富多样的学习情境，通过多媒体内容、虚拟实验和模拟环境等方式，提供更具挑战性和启发性的学习体验。这有助于激发学生的学习兴趣和积极性，促进知识的深入理解。此外，移动学习也可以通过在线社交平台、讨论论坛和协作工具，促进学生之间的交互和合作，使学习变得更具互动性和社交性。

第三，移动学习能培养学生自主学习意识和全方位技能。移动学习鼓励学生自主选择学习内容、制订学习计划、管理学习进度。这有助于培养学生的自主学习意识和能力，使他们能够更好地掌握自己的学习过程。此外，移动学习也可以提供多样化的学习资源和活动，包括课外阅读、听力练习、口语训练等，帮助学生实现正式学习和非正式学习的一体

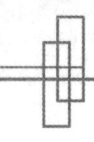

化，促进综合能力的提升。

第四，移动学习适应数字时代要求，培养学生终身学习的能力。移动学习不仅可以满足当前学生的学习需求，还可以培养学会学习的能力。在数字时代，知识更新迅速，学生需要不断适应新知识和技能的需求，终身学习已经成为必备的素养。通过移动学习，学生可以培养主动获取知识、批判性思考和解决问题的能力，为其未来养成终身学习的习惯奠定了基础。

三、基于微信的商务英语移动学习模式构建

微信是我国目前最流行的社交媒体应用程序之一，它的应用人群非常广泛，允许用户发送文本消息、语音消息、图片、视频、链接和其他多媒体内容，与其他用户进行实时聊天，创建群聊，分享瞬间（类似于社交媒体动态）等。在移动学习中，微信以其广泛的用户群体和丰富的功能集合可以发挥重要的作用。因此，本节就以微信的应用为例，构建商务英语移动学习模式。

（一）利用公众号共建商务英语教学资源

商务英语教师可以充分利用微信公众号，与学生共建商务英语教学资源。

首先，通过创建专门的微信公众号，教师可以建立一个在线教育平台，专注商务英语的教学。这个公众号可以充分利用微信的多媒体功能，包括文章、视频、音频和图像，以提供多样化的学习资源。这些资源可以覆盖不同难度级别，以满足各种学习者的需求。每当公众号管理员发布商务英语教育相关的文章和教学内容时，学习者可以随时随地访问这些内容。这提供了极大的便捷性，因为学习者不再受到时间和地点的限制，可以根据自己的时间表自由安排学习。

其次，公众号的互动性是一个优势。学习者可以通过评论和留言与教育者或其他学习者进行互动，提问疑虑，分享观点，甚至讨论课程内容。这种互动促进了学生和教师之间的交流和合作。同时通过微信公众号，教育者可以提供在线测验和练习题，用以测试学生的商务英语水平并鼓励他们自我评估。另外，公众号还可以发布实际商务案例研究，帮助学生将学到的理论知识应用到实际情境中。学生可以分享自己的学习经验和成功故事，从而激励其他学生。通过互动活动，如抽奖或比赛，可以奖励积极参与的学生，增加他们的动力。

最后，通过微信的数据分析工具，教育者可以更好地了解学习者的兴趣和需求，从而定制更适合他们的内容。这有助于不断改进教育资源和提高学习体验的质量。

综合而言，利用微信公众号来共建商务英语教学资源是一种高效、便捷、多样化且互动性强的移动学习模式。它提供了学习者灵活性，教育者丰富的资源分享和互动机会，有助于更好地满足商务英语学习的需求，促进了学习者的主动参与和知识的深入掌握。这种模式为商务英语教育带来了积极的变革，提高了教学的质量和学习的可及性。

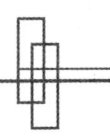

（二）利用微信群实现师生教学互动

基于微信的商务英语移动学习模式可以通过创建微信群来实现师生教学互动。第一，教育者可以在微信上建立专门的教学微信群，为每个群指定特定课程或课程模块。学生可以通过邀请或加入链接的方式进入相应的微信群，从而建立了一个教学互动的在线平台。在这个微信群中，教育者可以发布有关课程内容、时间表、教材和其他重要通知的信息，确保学生对课程安排有清晰的了解。这提供了学生与教育者之间的及时沟通渠道，有助于解决学生的疑问和提供支持。

第二，教育者可以在微信群中回答学生的问题，并提供即时支持。这种实时答疑的机制使学生能够随时在群中提问，而教育者或同学也可以及时给予解答。此外，微信群还提供了分享学习资源的平台，教育者可以在群中分享课程文档、链接到在线资料、教学视频等，帮助学生更好地理解课程内容。这些资源可以作为学生的补充学习材料，促进其对课程的深化理解。

第三，微信群为课程讨论和学术互动提供了空间。在群中，学生可以自由地讨论课程内容、分享他们的意见和互相学习。教育者可以提出问题，引导学生思考，或启动有趣的学术讨论，从而促进了学术互动和知识分享。此外，微信群还可以用于发布作业和测验，学生可以在群中提交作业答案，并进行讨论和互相评价，这有助于学生的积极参与和学业互动。

第四，除了师生之间的互动，微信群还鼓励学生之间的互助。学生可以在群中分享学习技巧、笔记和答疑，建立起协作学习的氛围，增强了学生之间的互动和学术合作。教育者可以定期组织主题讨论或专题活动，鼓励学生深入探讨特定课程主题或参与与商务英语相关的在线活动，从而丰富学业互动的内容。

第五，通过微信群，教育者可以实时获取学生的反馈和建议，以不断改进教学质量。这种教学模式为商务英语移动学习提供了强大的工具，促进了学生参与、学术互动和学习社区的建立，提供了更多的灵活性和便捷性，使学生能够随时随地参与学习。这种互动式学习环境有助于学生更好地理解和掌握商务英语技能，促进了有效的师生互动。

（三）建立临时讨论组加强合作学习

第一，为了促进合作学习，教育者或学生可以在微信上创建临时讨论组。这可以是为特定课题、项目或任务而建立的小组，旨在促进学生之间的合作和知识分享。这些讨论组可以根据需要创建，通常由教育者或学生发起。

第二，在这些临时讨论组中，学生可以自由地交流、分享观点和协作完成任务。例如，在商务英语课程中，学生可以建立一个临时讨论组，讨论并协作解决一个商务案例或完成一个商务英语项目。成员可以共享各自的研究成果、提出问题、讨论解决方案，这种合作方式有助于深化对课程内容的理解。

第三，这些讨论组还可以定期召开会议，通过微信的音视频通话功能，进行实时讨论和协作。这种互动有助于更深入地讨论复杂的商务英语问题，模拟实际商务场景，提高学

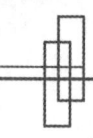

生的沟通和协作能力。

第四，临时讨论组还可以用于分配任务和跟踪进展。学生可以在讨论组中共享任务清单，分工合作，并报告项目进展。这有助于确保任务按计划完成，并增加了学生的责任感。

第五，在建立临时讨论组时，教育者或学生应明确定义讨论的主题和目标，并确保组内成员具备必要的资源和信息来进行合作学习。讨论组可以定期回顾和评估合作学习的效果，以改进未来的合作学习活动。

总之，建立临时讨论组通过微信可以为商务英语移动学习提供一个灵活的合作学习平台。它鼓励学生主动参与，深化对课程内容的理解，提高协作和沟通技能，模拟实际商务情境，使学生更好地准备好在职场中应用商务英语。

第三节　基于虚拟现实技术的商务英语教学研究

随着科技的不断进步和全球商务交流的日益频繁，商务英语教学的需求愈发显著。在这一背景下，虚拟现实技术应运而生，为商务英语教学提供了新的可能性。本节将探讨基于虚拟现实技术的商务英语教学研究，旨在探讨虚拟现实技术在商务英语教学中的应用潜力、意义以及相关问题与解决方案。

一、虚拟现实技术概述

虚拟现实（Virtual Reality，VR）技术是一种通过计算机生成的模拟环境，使用户可以与其互动，仿佛他们置身于其中。这种技术通过使用专门的硬件和软件来创建一种全身沉浸感的体验，让用户感觉自己身处于一个虚构的现实世界中。

虚拟现实技术的发展历程可以追溯到 20 世纪中叶。20 世纪 50 年代和 60 年代，科学家们开始探索头戴式显示器（HMD）和计算机图形学的基础。然而，当时的虚拟现实设备笨重且依赖大型计算机支持。随着时间的推移，虚拟现实技术逐渐发展。20 世纪 70 年代和 80 年代，"Sword of Damocles"系统被认为是第一个真正的 HMD，为虚拟现实奠定了基础。

进入 20 世纪 90 年代，虚拟现实开始进入商业应用领域，但早期的虚拟现实游戏机并未能取得长期成功。然而，虚拟现实在军事培训、医学应用和航空模拟等领域得到广泛应用。21 世纪初，虚拟现实仍面临挑战，包括高成本、体验不佳和缺乏内容。

然而，随着计算机性能的不断提高和创新的涌现，虚拟现实于 2010 年后迎来了复兴。头戴式显示器的推出引发了广泛的兴趣，并为虚拟现实技术的商业发展铺平了道路。这一时期还见证了其他公司如 HTC Vive、Sony PlayStation VR 和 Samsung Gear VR 等设备的推

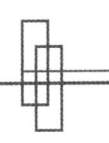

出，加速了虚拟现实技术的演进。

2020 年，虚拟现实技术继续发展，并涉足更多领域，包括医疗保健、教育、企业培训和社交交互。虚拟现实设备变得更加轻便、高分辨率和负担得起，进一步推动了虚拟现实的普及。与此同时，增强现实（AR）技术开始崭露头角，与虚拟现实技术共同推动了未来数字体验的发展。

虚拟现实技术具有一些显著的特点，这些特点使其与其他技术和媒体形式有所不同。

1.沉浸性体验

虚拟现实技术的最重要特点之一是其沉浸性体验。用户戴上头戴式显示器后，他们仿佛被传送到虚拟环境中，他们会完全沉浸其中。这种沉浸感通常包括视觉、听觉和有时甚至触觉的参与，使用户感觉自己置身于虚拟世界之中。

2.互动性

虚拟现实技术允许用户与虚拟环境互动。用户可以使用手势、控制器、声音命令或头部运动来操控虚拟对象、导航虚拟空间和执行各种动作。这种互动性增强了用户的参与感和自主性。

3.定制体验

虚拟现实技术可以提供高度个性化的体验。用户可以选择不同的虚拟环境、虚拟角色或虚拟任务，以满足其需求和兴趣。这种定制性使虚拟现实技术适用于各种应用领域，从游戏到教育再到医疗保健。

在教育领域，利用虚拟现实技术既可以实施三维虚拟实验、虚拟参观、演示教学，也可以进行模拟训练和虚拟角色扮演，丰富教学内容和手段。

二、商务英语教学中应用虚拟现实技术的意义

在商务英语教学中应用虚拟现实技术具有多重意义，可以提高学习效果，增加学生的参与度，以及提供更贴近实际商务场景的学习体验。

（一）构建真实的商务环境，增强场景体验

虚拟现实技术可以模拟真实的商务场景，如商务会议、谈判、市场营销活动等。通过沉浸式的虚拟环境，学生可以更好地理解和适应商务实践，因为他们能够亲身经历这些场景，感受到真实商务环境中的挑战和机会。这有助于提高学生的商务敏感性和适应能力，使他们更好地准备好步入商业领域。

（二）激发学习动机，提高学习主动性

虚拟现实技术为学生提供了引人入胜的学习体验。学生可以在虚拟商务环境中自主探索和互动，而不是仅仅被动接受教师的传授。这种主动参与的学习方式能够激发学生的学习动机，提高他们对商务英语的兴趣。学生由此更有可能积极参与课程，深入学习商务知识。

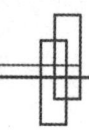

（三）提高交际技能，增强沉浸感

商务英语教学中，虚拟现实技术可以模拟商务交际情境，帮助学生练习和提高口语、听力和沟通能力。学生可以与虚拟商务伙伴互动，进行商务会话、谈判和协商。这有助于培养学生在真实商务场景中的交际技巧，同时增强他们的沉浸感，使他们更容易投入学习。

（四）实现情境教学，加深知识内化

虚拟现实技术允许教师将学习内容嵌入真实场景中，使学生在实际情境中学习。这有助于学生更深入地理解和内化商务英语知识，因为他们能够将知识应用于实际情景，并在虚拟环境中做出决策。这种情境教学有助于知识的持久记忆和更好的运用。

三、商务英语教学中虚拟现实技术应用的方式

（一）构建虚拟商务场景进行沉浸式教学

使用虚拟现实技术可以模拟真实的展会环境，让学生参与虚拟展览会。学生可以浏览展台、与虚拟展商互动，了解不同产品和服务，练习商务英语交际和谈判技巧。这有助于学生在实际展会中更自信地与潜在客户和合作伙伴交流。

虚拟现实技术可以模拟商务会谈场景，如销售谈判、客户洽谈、业务合作协商等。学生可以扮演不同商务角色，进行虚拟业务对话，提高他们的沟通和谈判技能。这种情境练习有助于学生更好地理解商务英语在实际环境中的应用。

通过虚拟现实技术，学生可以感受到虚拟商务场景中的真实感。他们可以浏览虚拟环境，与虚拟对象互动，听取虚拟演讲，并与虚拟同事合作。这种体验有助于学生更好地理解和适应真实商务环境。

（二）设置虚拟商务对话进行交际能力训练

通过虚拟现实技术，学生可以模拟不同商务对话情境。他们可以扮演不同商务角色，如销售人员、客户服务代表、管理者等，与虚拟伙伴进行商务对话练习。这有助于学生练习商务英语口语和听力技能，并增加他们的沟通能力。

设置不同类型的虚拟商务对话，包括电话会议、面对面谈判、电子邮件沟通等，以帮助学生练习各种商务交际技能。每种对话类型都涵盖了不同的语言和沟通方式，帮助学生更好地适应多样化的商务场景。

虚拟现实技术可以记录学生的对话表现，提供即时反馈。这使学生能够了解他们的表现，找到改进的机会，并提供个性化的建议。教师可以使用这些数据进行评估，并为学生提供更好的指导。

（三）制作虚拟商务任务进行知识和能力考核

通过虚拟现实技术，可以模拟商务出差事件，要求学生在虚拟环境中处理各种商务挑战，如预订酒店、安排交通、处理紧急情况等。这种任务可以考核学生关于实际操作和问

题解决能力，同时练习商务英语的应用。为学生提供虚拟商务谈判项目，包括模拟谈判、合同签署、协议达成等。学生扮演不同商务角色，进行虚拟商务谈判。这有助于评估他们的谈判技巧、商务英语交际和决策能力。

虚拟商务任务可以涵盖多个商务领域，从销售到市场营销、供应链管理到国际贸易。通过这些任务，学生将综合应用商务英语知识和技能，展示他们在不同商务情境中的综合能力。

（四）开发虚拟商务英语系列课程

课程可以包括语言表达模块，帮助学生练习商务英语的词汇、语法和发音。虚拟现实技术可以提供口语练习、听力理解等。通过虚拟环境中的模拟场景，学生可以学习不同国家和地区的商务文化，包括礼仪、交际方式、商务风俗等，他们能够更好地理解文化差异。

课程可以包括案例研究和模拟项目，帮助学生应用商务英语知识解决实际商务问题。学生可以在虚拟环境中分析案例、制定策略、进行商务决策。

虚拟现实和增强现实技术可以用于模拟商务情境、创建虚拟商务伙伴、提供沉浸式学习体验等。这些技术有助于激发学生的兴趣，增加学习的互动性。

（五）与企业合作开发行业专业模拟系统

通过虚拟现实技术，可以精准再现企业的工厂生产线、银行业务流程或其他专业环境。这有助于学生深入了解实际工作场所的操作和流程。学生可以通过这些虚拟模拟系统进行在线实习，模拟真实工作任务。他们可以参与虚拟工厂生产、模拟银行交易、处理客户请求等，锻炼实际技能，同时学习和应用商务英语。

与企业合作开发这些系统，可以使学生直接融入行业实践。企业可以提供反馈和指导，学生可以在虚拟环境中面对真实的挑战。

（六）构建虚拟校园互动环境

构建虚拟校园互动环境是为了为学生提供一种创新的学习和社交平台，以促进学生之间和与教师之间的深度交流。

在虚拟校园中，可以设置一个虚拟礼仪交流馆，用于模拟不同商务场景，例如商务拜访、面试、会议等。学生可以在这里练习商务礼仪、沟通技巧和职业交往。这有助于提高他们的职业素养和自信心。虚拟校园可以提供一个在线案例研讨大厅，用于学生和教师之间的案例分析和讨论。学生可以一起研究商务案例，分享观点和见解，促进知识的共享和学术合作。在这些板块，学生可以扮演不同商务角色，如销售经理、市场分析师、客户服务代表等，进行虚拟商务对话和交流。这有助于练习商务英语、商务谈判和沟通技巧。

虚拟校园环境应具备高度互动性，包括实时聊天、虚拟会议室、团队项目合作等功能。学生可以与同学和教师互动，共同解决问题、制定战略、讨论商务挑战。

在虚拟校园中，可以模拟不同国家和地区的商务文化差异，以帮助学生更好地理解并

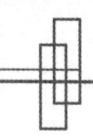

应对不同文化的挑战。这有助于提高国际商务交际和跨文化合作的能力。

虚拟校园互动环境为学生提供了一个安全、创新的学习平台，可以促进知识共享、沟通技巧提高和跨文化意识培养。这种互动环境不仅有助于学术发展，还为学生提供了与同学和教师之间深度交流和合作的机会，从而更好地准备他们在未来的职业生涯中成功应对商务挑战。

四、基于虚拟现实的商务英语教学存在的问题及解决方案

（一）虚拟现实设备的价格高昂

虚拟现实设备的价格高昂是基于虚拟现实的商务英语教学面临的一大挑战。虚拟现实头盔、控制器、计算机硬件等设备通常价格昂贵，这可能使学校、教育机构和学生难以负担，限制了虚拟现实技术的广泛应用。

为了解决这个问题，学校可以采取以下措施。

1. 寻找经济实惠的设备替代品

寻找性能相当但价格更经济实惠的虚拟现实设备，以降低成本。市场上有许多新的虚拟现实头盔和控制器，价格较低，但性能足够满足教育需求。

2. 租赁虚拟现实设备

学校或机构可以考虑租赁虚拟现实设备，而不是购买，以降低初期成本。这样，学生可以在需要时借用设备，从而减少经济负担。

3. 云端虚拟现实

利用云计算和流媒体技术，将虚拟现实体验从本地设备转移到云端，学生可以使用普通电脑或移动设备访问虚拟现实内容，而不需要高性能硬件。

4. 教育机构和政府支持

教育机构可以争取政府或私人捐赠来购买虚拟现实设备，或者争取政府资金来支持虚拟现实技术在教育中的应用。另外，政府和行业组织也可以提供补贴或津贴来鼓励虚拟现实教育的发展。

5. 合作项目

学校和教育机构可以与虚拟现实设备制造商、技术公司或行业合作伙伴建立合作项目，以获得设备折扣或赞助。这种合作可以帮助降低设备成本。

6. 引入 BYOD 政策

学校和机构可以实施"Bring Your Own Device"（自带设备）政策，鼓励学生使用他们自己的虚拟现实设备，从而降低设备采购成本。

通过采用以上策略，虚拟现实设备的高昂价格问题可以得到一定程度的缓解，使更多学生和教育机构能够受益于虚拟现实技术的商务英语教学。这将有助于提高学生的职业素养和实际商务技能，为其未来的职业发展做好准备。

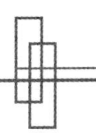

（二）教师的使用能力有限

教师的使用能力有限是基于虚拟现实的商务英语教学中存在的一个问题。虚拟现实技术的应用需要教师具备相关的技术知识和操作能力，然而，很多教师可能因缺乏使用虚拟现实设备和软件的经验而感到不安。为了解决这个问题，学校和教育机构可以采取一系列措施。

首先，学校可以提供教师参与虚拟现实技术的专业培训，以帮助他们掌握虚拟现实设备的操作和应用。这些培训可以由虚拟现实设备制造商、技术公司或专业培训机构提供，以确保教师能够有效地利用这一技术。同时资源共享和合作是一种有效的解决方案。教师可以相互分享经验和资源，通过合作学习来提高他们的虚拟现实技术应用能力。学校可以设立虚拟现实教育的共享平台，供教师互相交流经验和教材，从而促进共同成长。

其次，学校可以为教师提供支持和指导，建立专门的支持团队，以帮助教师克服技术上的障碍。这包括在虚拟现实设备使用中提供指导、解决故障、提供技术支持等，以确保教师在教学过程中得到充分的支持。

最后，学校可以从简单的虚拟现实应用开始，逐渐增加复杂度，以帮助教师逐渐提高他们的使用能力。逐步推广有助于教师建立信心，逐渐掌握虚拟现实技术。

通过这些努力，教师将更好地掌握虚拟现实技术，提高其在商务英语教学中的应用能力，为学生提供更富有创新性的学习体验。这将有助于学生更好地应对未来商务挑战。

（三）生成虚拟环境需要投入大量人力与物力

生成虚拟环境所需的大量人力与物力资源是基于虚拟现实的商务英语教学中的另一个重要问题。制作虚拟场景、设计虚拟角色和录制虚拟对话等任务需要大量的时间和人力，同时需要适当的硬件和软件资源。这对学校和教育机构来说可能构成一定的负担。

解决这个问题的方法之一是利用已有的虚拟资源。教师可以探索已有的虚拟教育平台、虚拟场景库和在线课程，以减轻虚拟环境生成的负担。这些现有资源可以作为虚拟环境的基础，从而可以降低制作虚拟环境的时间和成本。

此外，学校和教育机构可以与其他学校、机构或行业合作伙伴建立共享资源的网络，共同开发虚拟环境。这种合作可以分摊制作成本，提高资源的有效利用率。使用开源平台如 Open Simulator 或 Moodle，学校可以获得虚拟环境制作工具和社区支持，以降低资源生成的成本。

另外，学生也可以参与设计虚拟场景、录制虚拟对话或创建虚拟角色，为虚拟环境制作做出贡献。这不仅为学生提供实践机会，还可以节省教育机构的资源。

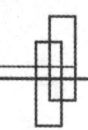

第四节　人工智能技术在商务英语教学中的应用

在数字化时代，人工智能已经成为商务英语教育的强大助手，为学生提供了更加个性化和高效的学习体验，同时为教育者提供了更多创新的教学工具和方法。本节将深入探讨人工智能的基本概念，以及可用于商务英语教学的不同技术，分析人工智能技术如何推动商务英语教学模式的变革。

一、人工智能的基本概念

人工智能（Artificial Intelligence，简称 AI）是一门科学和技术领域，专注于使用人工方法和技术，模仿、延伸和扩展人类智能，以创造能够执行智能任务的机器和系统。自人工智能的诞生以来，已经取得了令人兴奋的进展，并在各个领域得到广泛的应用。"人工智能"这一术语正式提出于 1956 年，由约翰·麦卡锡首次使用，标志着 AI 作为一个独立学科的诞生。

什么是智能？思维理论认为智能源自思维活动，将智能核心定义为思维的能力。根据这一观点，智能的本质可以通过研究思维规律和思维方法来揭示。知识阈值理论强调智能取决于知识的数量和可运用程度。系统拥有更多可运用的知识，其智能水平也更高。进化理论认为智能取决于感知和行为，以及对复杂环境的适应能力。根据这一观点，智能可以逐步进化而来，而不一定需要高度的知识水平、表示和推理。

一般而言，智能被认为是知识和智力的综合体现。知识是智能行为的基础，而智力则涉及获取知识、应用知识来解决问题的能力。人工智能的研究致力于使计算机系统具备类似人类的智能，包括学习、理解语言、感知环境、解决问题、规划和自主决策等一系列智能能力。

因此，人工智能是一门跨学科的领域，融合了计算机科学、认知心理学、神经科学等多个学科的知识，其目标是使计算机系统能够执行类似人类智能的任务，包括但不限于以下几个方面内容。

学习：使计算机系统能够从数据中学习，并不断改进性能。这包括监督学习、无监督学习和强化学习等不同的学习方法。

理解自然语言：让计算机系统能够理解、处理和生成自然语言，从而实现自然语言处理（NLP）任务，如文本分析、语音识别和自动翻译等。

感知环境：通过传感器、摄像头和其他设备，使计算机能够感知和理解周围的环境。

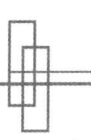

这包括计算机视觉和声音感知等技术。

解决问题：让计算机能够解决各种问题，包括优化问题、搜索问题和决策问题，这通常需要推理和规划。

自主行动：使计算机系统能够自主采取行动，根据其理解和决策来执行任务，这在自主驾驶汽车和机器人等领域具有重要应用。

模拟人类智能：AI 旨在模仿人类智能的各个方面，包括知识获取、问题解决、决策制定和自主行动。

AI 是一个广泛而多样化的领域，包括机器学习、深度学习、专家系统、自然语言处理、计算机视觉和强化学习等技术和方法。这些技术和方法在医疗、金融、交通、教育、娱乐和许多其他领域都有广泛的应用。AI 的发展对改进自动化、增加生产效率、解决复杂问题以及提供更智能的产品和服务具有重要意义。

二、可用于商务英语教学的人工智能技术

（一）自然语言处理

自然语言处理（Natural Language Processing，NLP）技术是一门人工智能领域的分支，致力于使计算机能够理解、处理和生成人类自然语言的文本或语音数据。NLP 技术的目标是使计算机能够像人类一样理解和交互自然语言，而不仅仅是对文本进行简单的字符处理。

1. 自然语言处理技术应用于商务英语听说教学

目前，自然语言处理技术在听力和口语教学领域的研究方向包括声音识别、语音识别、讲话者识别、唇读、文本转语音和语音合成等。这些技术已经在各种软件中得到广泛应用，如微信等应用中的语音输入功能。然而，针对商务英语教学中的需求，这些功能还存在一些不足。

商务英语教学一直面临着听力和口语能力培养的挑战。这主要有两个原因：首先，学生难以获得真正的英语语境，难以进行充分的听力和口语训练；其次，即使学生在课下进行了练习，如果没有得到正确、及时的评价反馈，他们可能也会失去继续学习的积极性。这就解释了为什么在商务英语教学中，学生的口语表达能力相对较弱，课堂氛围难以活跃。

然而，现在有望开发出可以满足商务英语教学中听说练习需求的软件。例如，卡耐基梅隆大学开发了"The CMU Pronouncing Dictionary"，其中包含了 134,000 个北美英语单词及其发音。此外，他们与惠普、微软等实验室合作开发了 CMU Sphinx 语音识别软件，它包括通用对话、语音搜索、智能辅助和语言学习等功能。在语言学习方面，软件能够帮助学习者建立一个框架，用于跟踪不正确的发音、评分等。

从商务英语教学的现状出发，引入具有实时评分和错误标注等功能的软件将是一个明智的举措。这些软件可以使学生在听力练习后进行口语转述或复述练习，并进行自动评分

和错误标注。未来，这些软件还可能支持学生进行开放式英语对话练习，录音、回放、评分和错误标注等功能。这种带有详细反馈的人工智能软件将显著提高学生对听说练习的兴趣，同时提升练习的质量。

2.自然语言处理应用于商务英语读写教学

目前，在商务英语教学中，学生普遍认为"读"相对容易，而"写"则具有较高的难度。这是因为写作技能涉及多个层面，包括单词的正确使用和搭配、句子的结构和语法准确性、段落的语义一致性以及整篇文章的合理结构等。为了提高写作能力，学生需要进行大量的练习，并且需要详细的评价和反馈。然而，当前的商务英语教学条件下，面临着一定的困难。

在自然语言处理技术领域，与阅读和写作教学相关的研究包括分词、嵌入词、词义预测、词义消歧、情感分析、句界消歧、语义角色标注、词性标注、释义检测、语法错误纠正、文本相似度和自动评分等领域。这些研究领域利用词语分割、词向量建模、词汇属性标签、句子断句、句子意义分割等技术，实现了对文本从单词、句子、段落到整篇文章的识别、分析和理解等任务。其中，自动论文评分系统（AES）是一个突出的应用示例。AES方法已在美国教育测试服务（ETS）的托福、GRE、托业等考试中得到广泛应用。这些考试通常首先使用AES系统完成对作文的初步评分，然后教师在此基础上进行最终评分，大大提高了批改速度。

在国内，AES的使用虽然已经有十多年的历史，但仍需要提高由人工智能完成的作文评分的准确性，并改进反馈评价质量。近年来，随着循环神经网络（RNN）和长短时记忆网络（LSTM）等神经网络技术的迅猛发展，基于这些技术的AES评分在相关测试集上已经达到了与教师评分相关性甚至更高的水平。

综合上述信息，商务英语教学可以受益于引入具有实时评测功能的软件，以促进学生的阅读和写作练习。这些软件可以在学生阅读文本的同时进行自动分析，生成阅读理解题目，并允许学生进行模仿性写作或有针对性的问答练习。同时，软件可以对学生的写作进行实时评分，并标注错误之处。此外，它还可以支持学生进行自由的英语阅读和写作练习，并提供分析、理解和评价，从而提高学生的写作技能，激发学习兴趣。

（二）智能机器人

智能机器人是一种与人工智能技术相结合的机械设备或虚拟实体，具备感知、认知、决策、学习、执行和社会协作等能力。这些机器人被设计用来模仿、协助或模拟人类行为，以执行各种任务和互动，并且能够通过自主学习和适应来不断提高其性能。

在商务英语教学中，智能机器人可以扮演与学习者一起学习的角色，它们能够与学生进行生活化、地道的英语互动，营造出自然、真实且持久的商务英语交际环境。这种交互方式使学生能够获得丰富多彩的对话场景，通过积极而有效的对话与机器人进行互动。在对话过程中，机器人可以根据学生的学习需求，提供适时的词汇提示和发音纠正，有助于学生更流利地进行口语表达。此外，机器人还能在对话结束后充当"教师"的角色，鼓励学生并提供反馈建议，为学生的口语学习提供全方位支持。

这种人机互动的对话形式为学生提供了宝贵的口语练习机会，有助于减轻学生与真人对话时可能产生的紧张和尴尬感，同时弥补了自主练习口语时的不足。此外，对教师而言，教育机器人为英语口语教学提供了便利，使教学更具趣味性。

（三）计算机视觉

计算机视觉是人工智能领域的一个分支，它涉及让计算机系统能够理解和解释图像和视频数据的能力。在商务英语教学领域，计算机视觉技术可以用于多种用途，包括人脸识别和文本识别。

1. 人脸识别

人脸识别技术是一种生物识别技术，用于自动识别和验证个体的身份，基于对其面部图像或面部特征的分析和比对。这一技术使用计算机视觉和模式识别算法，通过捕捉和分析面部图像中的独特特征，如面部轮廓、眼睛、鼻子、嘴巴的位置和形状，以确定个体的身份。在教育领域，人脸识别技术已经取得了显著的进展，其中包括对学生情绪和学习状态的识别。这种技术通过摄像头捕捉学生的脸部表情，并利用人工智能算法对这些表情进行分析，以确定学生的情绪状态和学习表现。人脸识别技术在商务英语教学中可以有以下应用。

（1）学生考勤和身份认证：人脸识别可以用于学生考勤和身份认证。在商务英语课程中，学生的出勤对于学习成功至关重要。通过在教室门口或虚拟课堂中使用人脸识别技术，学校可以自动记录学生的出勤情况，确保只有合法注册的学生能够参与课程。这有助于提高课堂纪律和学生出勤率。

（2）个性化学习：人脸识别技术可以用于个性化学习。当学生登录到学习平台时，系统可以通过人脸识别自动识别学生，并自动加载个性化的学习材料、任务和建议。这有助于满足不同学生的学习需求，提供定制化的学习体验。

（3）学习状态监测：人脸识别技术可以监测学生在课堂中的学习状态。它能够检测学生是否专心致志、是否理解教学内容，以及是否处于积极学习的状态。这有助于教师及时发现学生的学习问题，并采取措施予以支持。

（4）情感分析：人脸识别技术可以用于情感分析，帮助教师了解学生的情绪状态。在商务英语教学中，学生可能会面临来自职业压力和学业要求的挑战。通过监测学生的面部表情，教师可以更好地理解学生的情感反应，并根据需要提供支持和鼓励。

（5）反馈和改进：人脸识别技术可以记录学生的参与度和表现。这些数据可以用于生成学生学习报告，为教师提供有关学生学习活动的详细信息。教师可以使用这些数据来评估学生的学术进展，并为他们提供个性化的反馈和建议，以帮助他们不断改进商务英语技能。

（6）课堂管理：在传统或虚拟课堂中，人脸识别技术可以用于课堂管理。它可以帮助教师识别学生并跟踪他们的参与情况。这有助于维护秩序，确保学生积极参与互动和

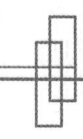

讨论。

2.文本识别

文本识别技术，也称光学字符识别（OCR，Optical Character Recognition），是一种将印刷或手写文本转换为机器可读文本的技术。这个技术的目标是通过计算机视觉和自然语言处理的方法，将图像或扫描文档中的文本提取出来，以便进行存储、搜索、编辑、翻译或其他进一步的处理。

智能批阅系统通过使用手写识别技术，能够自动辨认学生的手写作业。目前，这些系统的手写识别准确率已经高达98%，系统将学生的答案与题库的标准答案进行比对，从而实现自动化批阅过程。批阅结果能够自动录入系统，即时进行成绩统计和分析，供教师和学生查询，极大地提高了工作效率，减轻了教师的工作负担。

这项技术随着机器视觉技术的不断进步和移动网络的提速，已经在学生日常作业的评估中取得了显著的进展。现在，学生只需使用手机拍摄自己的手写作业，即可完成文本的上传和自动识别，迅速获取即时反馈。这为学生提供了更快速、便捷的学习体验，有助于提高他们的学术表现。

这种技术可以应用在各种考试的书面作业批改中，支持包括智能评分、逐句精细批改、行为分析、范文精讲和学习记录等教学环节。它的未来发展前景非常广阔，有望减少教师的重复性工作，让他们更专注于教育本身，同时能够为学生提供更准确的反馈和学术支持。这一技术在教育领域的应用有望推动教育的现代化和提高教学质量。

三、人工智能技术推动商务英语教学模式变革

（一）学习方式的改变

随着人工智能技术的不断发展，教育领域迎来了一场变革。传统教学方式往往存在时间和资源的限制，学生在有限的教学时间内接受教师的教授，通常以被动方式进行学习。这可能导致学生的学习兴趣和效果不如人意。

引入人工智能技术到商务英语教学中为学生带来了全新的学习体验。各种人工智能产品能够通过分析每位学生的独特特点，包括学习风格和知识接受能力，为他们提供个性化的支持。这个过程包括自动评估学生的学习状态，设定学习目标，制订适合每个学生的个性化学习计划，并提供特定于学生需求的学习方式。学生可以在适合他们的时间，利用互联网进行自主化和个性化的学习。

此外，人工智能可以根据学生的学习成果提供相应的针对性练习，帮助巩固他们的知识。这种个性化的学习方法不仅可以激发学生的学习兴趣，还有助于提高他们的自主学习能力。

总之，人工智能技术在商务英语教学中的应用为学习者提供了更具效率和个性化的学习方式。这一趋势不仅能够激发学生的学习兴趣，还有望改变他们的学习方式，提高自主学习能力，从而促进其更为个性化和成功的学习经验。

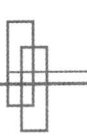

（二）教学方式的改变

人工智能的崛起为教育领域带来了根本性的变革，这一变革重新定义了教师的角色和职能。在传统教学中，教师通常面对有限的时间和资源，通过一般性的课程设计教授知识。然而，在人工智能时代，教师可以借助大数据分析，更好地了解每个学生的特点，包括学习风格和知识接受能力。这使他们能够为每个学生量身定制个性化的学习计划，以满足其需求和能力。更重要的是，教师可以通过实时数据进行灵活的教学设计。他们可以根据学生的实际表现，调整教学内容和方法，确保学习的个性化和高效性。这种方法的好处在于，学生的学习热情被有效地激发，学习效果也有望显著提高。此外，人工智能还可以自动化学生的评估和反馈，减轻教师的工作负担，教师可以有更多的时间来了解每个学生的学习情况，提供个性化的支持和指导。这不仅可以提高教学质量，还有助于学生充分发挥潜力。

然而，这一变革需要教师不断更新自己的技能，包括资源整合、技术应用和教学设计。教师的角色不再局限于传授知识，他们需要担任导师和指导者的角色，引导学生适应技术变革，实现个性化学习目标。

（三）教学模式的改变

传统教学模式通常侧重教师的知识传授，而学生则被动地接收。这种模式可能会限制学生的实际运用能力和职业素养的培养。然而，在人工智能时代，教师能够利用技术来实施翻转课堂模式，引入微课和慕课，并结合人工智能的支持，使教学更加互动和个性化。

通过这种新的模式，教师可以实时了解每个学生的学习情况，提供个性化的指导和支持。此外，虚拟环境和人工智能技术的结合为学生提供了更多的互动机会，让他们在与 AI 进行对话的过程中进行实际的学习和实践。这不仅有助于提高学生的实际运用能力，还可以增强他们的自主学习和问题解决能力。

最重要的是，人工智能技术为教育提供了更多的可能性，可以实现全天候、无处不在的学习。学生可以在自己选择的时间和地点学习，获得更灵活的学习体验。

总之，人工智能技术改变了商务英语教学的方式，使教育更加个性化、互动和灵活，有望为学生提供更富有挑战性和有益的学习体验。

四、基于人工智能的商务英语教学模式构建

基于人工智能的商务英语教学模式可以为学生提供更个性化、互动性强的学习体验，并且能够根据学生的学习进度和需求进行智能化的教学和评估。

（一）智能化学习平台

建立一个智能化的学习平台，采用自然语言处理和机器学习等技术，能够根据学生的学习情况和学习目标，提供个性化的学习内容和学习路径。学生可以通过平台进行在线学习，获得即时反馈和指导。

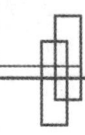

（二）自适应学习资源

利用人工智能技术对商务英语学习资源进行分析和整理，根据学生的学习需求和水平，智能推荐适合的学习资源，包括教材、学习资料、在线课程和学习工具等。学生可以根据自己的兴趣和需求选择合适的学习资源进行学习。

（三）智能化教学辅助工具

开发智能化教学辅助工具，如语音识别和语音合成技术，用于提供语音交互和口语训练。学生可以通过与智能工具进行口语练习和对话，获得实时的语音评估和纠正，提高口语表达能力。

（四）智能化作业和评估

利用人工智能技术开发智能化的作业和评估系统，能够自动评估学生的写作、听力和阅读能力，并提供详细的反馈和建议。学生可以通过系统完成作业，并获得即时的评估结果，从而及时了解自己的学习进展和不足。

（五）虚拟角色扮演和情境模拟

利用虚拟现实和增强现实等技术，创建商务英语的虚拟角色扮演和情境模拟环境。学生可以在虚拟环境中与虚拟角色进行商务谈判、客户服务等情境模拟，提升其实践能力和解决问题的能力。

（六）数据分析和个性化指导

通过对学生学习数据的分析，提供个性化的学习指导和建议。学校和教师可以根据学生的学习数据和表现，为学生制订个性化的学习计划和辅导方案，帮助他们更有效地学习商务英语。

基于人工智能的商务英语教学模式可以为学生提供更灵活、个性化的学习方式，并且能够根据学生的学习情况和需求进行智能化的教学和评估。这样的模式可以提高学生的学习效果和学习动力，同时为教师提供更多的教学支持和资源。

第五章　商务英语教学创新的保障体系

第一节　商务英语教学资源的开发与利用

教学资源作为课程实施的核心要素，对商务英语教学而言显得尤为重要。它不仅是课程内部的支撑，更是课程发展和提升的源泉。在当今信息技术高度发达的时代，大学商务英语教学资源的开发和利用显得尤为重要。它不仅包括传统的教材、设备等物质资源，而且包括数字化教学平台、在线数据库以及跨文化交流的机会等丰富多样的资源。因此，本节将着眼于探讨大学商务英语教学资源的定义与特点，提出相应的建设思路和策略，同时探讨教师在资源开发和利用中的重要作用，以期为高等商务英语教育提供一定的理论借鉴与实践指导。

一、商务英语教学资源的概述

（一）商务英语教学资源的定义

商务英语教学资源是指为商务英语教育提供支持和帮助的一切物质和非物质元素，它们用于教学的各个环节，以促进学习者在商务英语领域的综合发展。这些资源不仅包括传统教材、课程大纲、教室设备等物质资源，还包括数字化工具、网络资源、实践案例、行业资讯、跨文化交流机会等非物质资源。商务英语教学资源的定义应当包括以下重要要素。

物质资源：包括课本、参考书、音频和视频材料、教学设备（如投影仪、电脑等）、教室和学习空间等，用于直接支持商务英语课堂教学的物理实体。

数字化资源：现代商务英语教育离不开数字化工具，包括在线学习平台、虚拟教室、电子教材、在线词典、语言学习应用程序等，这些资源可以提供互动性和个性化的学习体验。

实践案例和模拟情境：商务英语教学资源包括真实的商务案例、商务信函、商务会议模拟、商务谈判情境等，以便学生在真实情境中应用所学知识和技能。

网络和在线资源：互联网为商务英语学习提供了广阔的资源世界，包括在线词典、商务新闻、行业报告、在线翻译工具等，这些资源能够帮助学生不断更新自己的知识。

跨文化交流机会：商务英语学习不仅仅是语言技能的培养，还涉及跨文化沟通的能

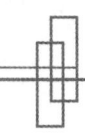

力。因此，跨文化交流机会和文化交际资源是商务英语教学资源的一部分。

（二）建设商务英语教学资源的意义

1.提高学习效果

商务英语作为一个实用性强、专业性突出的学科，其学习效果直接关系到学生未来在商业领域的发展。通过建设丰富的商务英语教学资源，可以为学生提供更多实际案例、商务沟通技巧和专业知识，帮助他们更深入地理解商业环境和专业术语，从而提高他们在商业沟通、市场营销、国际贸易等方面的能力。

2.满足不同学习需求

学生在学习商务英语过程中，会有不同的学习需求和学习风格，有的可能更倾向理论学习，有的可能更喜欢实践操作。通过建设多样化的资源，如文字材料、多媒体教具、在线学习平台等，可以满足不同学生的学习需求，帮助他们以适合自己的方式更好地掌握商务英语知识。

3.有利于商务英语教师专业化发展

建设商务英语教学资源有助于提升商务英语教师的专业水平。教师可以通过研究和开发教学资源来深入了解商务英语领域的最新发展和趋势，提高他们的专业知识水平和教学技能。此外，教师可以积极参与资源开发，创造符合自己教学风格和学生需求的教材和教学工具，提高课堂教学的质量。这有助于教师在职业生涯发展中实现专业化发展，提高他们的教育水平和竞争力。

4.促进商务英语课程开发

商务英语教学资源的建设可以促进商务英语课程的不断发展和完善。通过开发新的教材、教学活动和评估工具，可以为商务英语课程增添新的元素，使其更具吸引力和实用性。这有助于满足不断变化的商务领域需求，确保商务英语课程与商业世界发展保持同步。教育机构可以不断更新和改进课程，以提供高质量、具有竞争力的商务英语教育，满足学生和行业的需求。

5.培养学生自主学习的能力

商务英语教学资源的建设不仅可以提供丰富的学习材料和工具，还可以激发学生的学习兴趣和主动性，培养其自主学习能力。通过提供多样化的资源，如电子图书馆、在线学习平台、学术论坛等，学生可以根据自己的兴趣和需求选择适合自己的学习内容和学习方式。同时，教师可以通过激发学生的学习兴趣，引导他们积极探索和深入学习商务英语知识，培养其自我学习能力和信息获取能力。

商务英语教学资源的多样性和灵活性可以为学生提供更多的学习选择和学习机会，鼓励他们在学习过程中主动思考、探索和实践。这种自主学习的方式有助于培养学生的独立思考能力、问题解决能力和创新能力，使他们成为具有自主学习能力的终身学习者。这种学习方式不仅有助于学生在商务英语领域取得更好的成绩，也有助于他们在未来的职业生涯中适应快速变化的商业环境，不断提升自己的职业素养和竞争力。因此，通过建设丰富

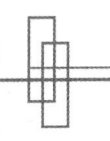

多彩的商务英语教学资源，可以有效培养学生的自主学习能力，使他们在面对复杂多变的商业挑战时能够更好地应对。

二、商务英语教学资源开发与建设的原则

商务英语教学资源建设是支持商务英语教育的重要措施，也是帮助学生实施个性化学习的基础。在资源开发与建设的过程中，需要秉持以下几项原则。

（一）以学生为中心原则

在商务英语教学资源建设中，关键在于将学生放在核心地位，将所有举措都围绕学生的英语学习动机和兴趣展开。资源的创建要着重营造有利于学生学习的环境，为他们打下学好商务英语的基础。因此，在资源建设的各个阶段，无论是决策和规划，还是实施、检查和改进，都要以学生的实际需求为起点，努力使他们成为学习的中心，积极参与知识的构建，确保教材不再仅仅是教师灌输的内容，而是学生主动构建意义的工具。同时，媒体不再仅仅是教师传授知识的手段，而是用来创造情境、促进协作学习和交流对话的，成为学生主动学习和合作性探索的认知工具。

（二）开放性原则

商务英语教学资源的建设是一个长期而系统的积累过程，随着教学改革的深入、社会的不断进步以及教师专业化的发展，既有的教学资源需要不断更新，新的教学资源需要不断添加，以确保课程的顺畅运行。在资源建设过程中，建设者应持开放的态度，欢迎吸收人们创造的各种文明成果，并以宽广的视野审视周围的事物。这种开放性原则包括两个方面：类型的开放性和空间的开放性。

类型的开放性意味着无论教学资源以何种形式存在，只要对教育教学有益，就应该加以开发和利用。空间的开放性则表示，不论教学资源的地理位置如何，无论是在校内还是校外、国内还是国际，只要对学生的知识积累、能力发展和技能提高有帮助，就应该进行开发和应用。

在知识经济时代，世界经济相互联系，资源的开放性原则不仅适用于不同地区，还适用于不同层次，从微观到宏观，从局部到整体。这是一项基本原则，有助于促进全球教育资源的共享和交流。

（三）预见性原则

商务英语教学资源的开发和利用不仅需满足当前学生需求，还必须与未来社会的发展趋势相联系。这样，可以帮助学生更好地理解未来社会的发展方向。因此，资源建设者需要具备前瞻性思维，密切关注社会的发展动态，积极吸纳当前科技前沿和重要的影响力素材，以此为基础创造切实有用的教学资源。教师要引导学生逐渐接受这些新知识，为他们未来的终身学习和可持续发展奠定坚实的基础。这种预见性原则不仅要关注当下，更要着眼于未来，以确保学生能够紧跟社会的不断演进和需求变化。

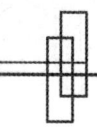

（四）经济性原则

在商务英语教学资源开发中，经济性原则是关键，它涉及经费、时间、空间和学习方面的效益最大化。这一原则旨在实现低成本、高产出。经济性原则包括以下几个方面。

1. 经费的经济性

要以最少的经费投入，甚至零成本，来开发能够为学生提供有价值的商务英语教学资源，如充分利用互联网上现有的英语资源，以减少开支。

2. 时间的经济性

要充分利用当前的时间，开发适用于当前商务英语教学的资源，不要等待更好的时机，以免错失最佳的学习机会。

3. 空间的经济性

应优先考虑就地开发资源，避免不必要的远程获取。同时，在建设课程网站时，要考虑容量问题，确保足够的空间用于存储资源。

4. 学习的经济性

资源的开发应着重于激发学生的学习兴趣，以兴趣为导向，确保学生能够积极参与学习过程，从中获得更大的收益。

经济性原则有助于在有限资源下获得最大的教育价值，确保资源的有效利用，以提高商务英语教学的质量。

（五）适应性原则

网络资源的多样性和内容丰富性虽然为商务英语教学资源建设提供了便利，但同时带来了开发和利用的挑战。这迫使人们思考如何开发、以何种形式开发以及资源开发的深度等问题。商务英语教学资源的建设旨在更好地满足商务英语教育的需要，因此必须遵循适应性原则，以确保资源能够方便、及时地满足教师、学生和其他教育工作者的信息需求，实现资源的最大价值。

在资源筛选过程中，建设者必须深入了解用户需求，进行需求分析。这包括结合实际情况，从专业角度科学分析和表述用户需求信息，明确用户需求的热点和方向，以便提供个性化、定制化的资源。适应性原则要求根据学生的语言水平确定教材内容，根据学生的年龄特点选择合适的资源形式，根据学生的认知水平选择资源范围，并根据教学和学习需求来确定资源主题。此外，商务英语教学资源的建设不仅要考虑学生的共性需求，还要关注特定学生的特殊需求和情境，以满足不同背景和学习能力的学生需求。适应性原则有助于确保资源的有效性和实用性，以满足多样化的学习需求。

（六）突出重点原则

随着社会的快速发展、科技的迅猛进步和国际合作的增加，学生需要学习的知识日益增多。知识的更新速度也在不断加快，这使得学校教育难以涵盖所有必要的内容。很多知识，尤其是非课本知识，需要学生积极融入社会，利用社会这一独特的学习平台，通过与他人的交流与合作，不断丰富自己的知识。因此，在商务英语教学资源的开发和利用过程中，必须根据可行的范围并充分考虑成本，着重关注并优先开发那些学生急需的、能够直接服务他们的资源。这有助于确保学生能够获取最有价值的信息和技能，以应对现实和未来职业发展的挑战。

（七）规范性原则

随着商务英语教学改革的深入，学生在课程学习和资源利用中的主体地位日益凸显。他们是知识的构建者，决定使用何种资源以及如何使用资源，而教师则更多地充当指导者和参与者的角色，起到支持的作用。在传统模式下，教师在教学过程中扮演主导的角色，而现今，无论是师生互动、学生之间的交流，还是学生与资源的互动，教师不再是唯一的权威，而是引导学生的合作者。学生在与资源互动时，由于他们的知识有限和社会经验不足，可能难以辨别资源中的瑕疵或错误，这可能导致学生在学习过程中摄入不准确的信息，影响英语学习。

因此，在开发课程教学资源时，内容必须经过教师的严格审查和质量检验，以确保资源的规范性、客观性和科学性。资源应该不含观点错误，也应在语言使用方面没有错误，以免误导学生或引起学生产生混淆。这一原则强调资源的质量和准确性，以确保学生获得高质量的教育体验。

三、商务英语教学资源开发与建设策略

（一）教材的编写与改编

1.商务英语教材现状分析

目前，大学广泛采用的商务英语教材主要分为两大类。一类是直接从国外引进的英文原版书籍，如管理学、经济学、金融学、会计学和 MBA 系列书籍。这些教材通常由国内主流出版社引进，如上海外语教育出版社引进的"国际商务简明教程系列"，内容源自国外的商务管理领域。另一类是国内学者为适应商务英语教学需求，根据原版教材进行改编或自行编写的商务英语教材，如对外经济贸易大学等高校联合编写，由高等教育出版社出版的"商务英语系列教材"。然而，不管是引进还是自编的商务英语教材，都存在一些问题，具体来说有以下几个方面。

（1）教材难度不一，缺乏时效性

部分商务英语教材的选材难度较大，内容通常取自较为专业和理论性的原版书籍、主流报刊和有影响力的网站。这对刚刚接触商务英语的学生来说，难度较大，缺乏渐进性。同时，一些教材选用的新闻和案例可能已经过时，无法保持与快速发展的商务领域同步。

（2）编写模式单一，缺乏实用性

许多商务英语教材只是将商务文章简单罗列，缺乏整体规划和系统的安排。它们缺乏相关的背景知识介绍、文章解释和分析，以及阅读技巧的适当讲解。这使得教材无法很好地辅助教师的教学和指导学生的学习，缺乏实际应用性。

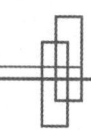

（3）配套练习单一，缺少系统性

大多数商务英语教材的练习设计相对单一，主要关注精读练习，重点在于理解文章内容。然而，这些教材缺乏系统性，包括背景知识介绍、阅读技巧的讲解，以及对批判性阅读的培养。练习题在多数情况下形式化，缺少深层次的思考和讨论。

（4）缺乏统一标准和原则

商务英语作为一个相对新兴的学科，缺乏明确的标准和原则，导致不同学校和教育机构对商务英语课程的定位与内容存在差异。这种不一致性导致了教材的选择各不相同，没有统一的教材标准和原则，使得学生在不同学校学到的内容和质量不一致。

（5）过分依赖文本

一些商务英语教材过于依赖纯文本内容，忽略了多媒体资源的潜力。多媒体资源如音频、视频和互动模拟可以更好地模拟实际商务交流和情境，但很多教材未能充分利用这些资源。

（6）缺乏互动性

一些商务英语教材缺乏互动性，未提供足够的机会供学生实际应用所学内容。商务英语的教学应该鼓励学生积极参与模拟情境、角色扮演和实际商务项目，但这些教材可能未能提供这些机会。

2.商务英语教材编写与改编策略

无论是对现有商务英语教材进行改编，还是大学自主开发校本教材，都应该遵循一系列有效的策略以确保教材的质量和教学效果。以下是一些关键策略。

第一，在编写或改编商务英语教材之前，首要的一步是进行全面的学生需求分析。这个过程关乎教材的定位和内容，以确保它能够满足学生的实际需求。学生需求分析应该包括对他们的英语水平的了解，背景知识的调查，学科需求的评估以及他们的职业目标的明确。这个分析能够帮助确保教材的内容和难度与学生的实际情况相匹配，从而提供更具实用性和效益的教材。

第二，明确专业定位。商务英语领域非常广泛，覆盖了多个专业领域，如国际贸易、市场营销、金融和管理等。在编写或改编教材时，明确定位特定的商务领域或主题是至关重要的。这有助于确保教材的内容与学生所追求的职业领域密切相关，使他们能够在实际工作中应用所学的知识和技能。例如，可以针对国际贸易的商务英语教材，或者专注于金融领域，以满足特定学生群体的需求。

第三，平衡语言技能。教材应平衡涵盖听、说、读、写等语言技能。确保教材提供多样化的练习和活动，包括听力材料、口语对话、商业文章阅读以及商务信函写作，以全面培养学生的商务英语语言技能。

第四，注重时效性。商务领域的信息和趋势不断发展和变化。因此，商务英语教材应包括最新的案例研究、商业新闻和行业信息，以确保教材的时效性。这有助于学生了解当前的商业环境和趋势，为他们的未来职业发展做好准备。

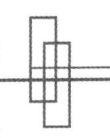

第五，结合实践应用商务英语的学习应该注重实际应用。因此，在编写教材时，应该包括大量的实践性练习和案例分析，以帮助学生将所学的知识应用到实际商务场景中。这可以通过模拟商务谈判、案例分析、商业文档写作等方式来实现。

第六，整合多媒体资源。教材可以包括音频和视频等多媒体资源，以提供真实的商务交流范例。这有助于学生更好地理解口语表达和听力技能的应用，使他们能够更好地应对实际商务交际的挑战。

（二）多媒体资源的应用

多媒体资源是指结合不同类型的媒体元素，如文字、图像、音频、视频等，以在多个感官层面上呈现信息和内容的数字化资源。这些多媒体元素可以在计算机或其他电子设备上进行交互式呈现，以提供更富有趣味性和效果的学习、传达信息或娱乐体验。

商务英语多媒体资源的应用可以从以下几个方面入手。

1. 互联网在线学习平台

该类平台可以提供丰富多样的商务英语学习资源，包括教学视频、在线课程、练习题库等。学生可以随时随地访问学习平台，根据自己的学习进度和需求进行学习和练习，提高学习的灵活性和便利性。

2. 音频库和视频库

商务英语的音频库和视频库包括商务会话对话、商业演讲、商业谈判等实际场景的录音和录像。学生可以通过听力训练和观看实际案例，更好地理解商务英语的实际运用，提高语言听力和口语表达能力。

3. 商务英语手机 App

手机 App 可以提供商务英语学习的便捷途径，学生可以通过手机随时随地进行商务英语学习。这可以包括商务词汇学习、实时商业新闻更新、商务英语交流社区等功能，提高学习的交互性和个性化。

4. 微课和慕课教学

通过微课和慕课教学，教师可以灵活地设计和提供精炼的商务英语学习内容，以更加直观、生动的方式呈现知识点和案例分析。学生可以根据自己的学习进度和兴趣选择课程内容，并通过在线互动和讨论与教师及其他学生进行交流和学习。

这些策略的实施将极大地促进商务英语教学的互动性和趣味性，提高学生的学习积极性和参与度，使商务英语学习更加生动有趣，并更好地满足学生个性化学习需求。同时，利用互联网技术和多媒体资源开展商务英语教学有助于提高教学效率和教学效果。

（三）外部资源的整合与利用

对外部资源的整合与利用在商务英语教学中是非常重要的，它可以为学生提供实际商业经验、拓宽视野，以及与商界专业人士互动的机会。

1. 与企业合作

学校可以与当地或国际企业建立合作关系，邀请企业高管或相关从业人员来校授课。

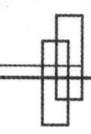

这些专业人士可以分享他们的实际经验，讲解商业案例，并为学生提供宝贵的行业见解。这种合作可以增加教学的实际性和现实性。

2.学生企业见习

学校可以与企业合作，为学生提供企业实习机会。这使学生能够在真实的商业环境中应用他们的商务英语技能，了解实际工作流程，并建立专业网络。另外，企业实习还可以帮助学生将理论知识转化为实际能力。

3.校外资源的利用

学校可以积极利用校外资源，如参观当地企业、商业展会、商务会议等。这可以增加学生对商业实践的了解，让他们亲身体验商务活动。

4.国外商务英语网络课程资源

学校可以引入国外优质的商务英语网络课程资源。这些资源可以包括在线课程、数字化教材、模拟商业交流等，帮助学生接触国际商务英语的最新趋势和实践。

5.行业讲座和研讨会

学校可以定期举办商业领域的讲座和研讨会，邀请专业人士分享他们的见解和经验。这些活动可以使学生与业界人士互动，了解最新的商务趋势和发展。

6.国际交流项目

学校可以促进国际交流项目，让学生有机会与国外学生或企业互动。这可以提供跨文化交际的机会，培养学生的国际化视野。

整合外部资源并将其应用到商务英语教学中可以大大丰富教学内容，增强学习的实际性和互动性，以及为学生提供更广泛的学习体验。这些策略有助于培养学生的综合商务英语能力，使他们更好地适应未来商业世界的挑战。

（四）商务英语案例与模拟情境资源库建设

资源库是指一个集中存储、组织和管理各种类型资源的地方，这些资源可以包括文档、资料、多媒体文件、数据、工具、软件等。资源库的主要目的是方便用户（通常是教育工作者、学生、研究人员或其他专业人士）获取所需的资源，以支持他们的工作、学习或研究活动。资源库通常采用电子化管理，可以在线或离线访问，具备搜索和分类功能，以便用户能够快速找到所需的资源。资源库既可以是公共的，供广泛使用，也可以是私人的，用于个人或特定组织内部的资源管理。资源库的内容可以多种多样，从文档和资料到图像、音频、视频、模型等，取决于资源库的类型和用途。资源库的建设和维护旨在促进信息共享、知识传递和学习发展，提高工作效率和知识管理。

商务英语案例与模拟情境资源库的建设不仅可以帮助学生理解商务实践，还可以培养他们的交际技能、团队协作和问题解决能力。这些资源可以提供学生与真实商务世界的互动体验，为他们未来的职业发展做好准备。建设商务英语案例与模拟情境资源库的步骤如下。

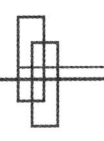

1. 收集案例资源

在收集案例资源时，可以从英国、美国等商业交易较发达国家的商务英语教材中挑选真实案例。这些案例可以涵盖不同行业、不同商务活动的实际情景，以便学习者能够更好地理解商务英语的应用。此外，还可以收集国内外企业在商务交流和合作中的实际案例，以加强学习者对跨文化交际的认识和应对能力。同时，设计一些近似于现实的模拟案例，让学习者在虚拟环境中进行商务英语的实践。

2. 资源进行分类

为了方便学习者查找和使用案例资源，可以按照行业类别（如贸易、物流、金融等）或商务项目（如商业谈判、求职面试等）将案例资源进行分类编目。这样，学习者可以根据自身需求快速找到相关案例进行学习和训练。

3. 对每个案例提供背景资料

对于每个案例，需要提供详细的情景背景和参与方介绍等相关信息资料。这些资料可以包括相关企业的背景介绍、行业特点、参与者的角色和责任等。这样学习者在使用案例时能够更好地理解案例情境，提高学习效果。

4. 设计案例训练任务

根据每个案例的特点和目标，设计一系列适合的任务，如解决商业问题、编写报告、进行模拟交流等。这些任务可以帮助学习者在实践中运用商务英语，提高语言表达和交际能力。任务设计应注重培养学习者的问题解决能力和团队合作精神，使其能够在真实的商务环境中应对挑战。

5. 建立数字管理平台

为了便于学习者查询和使用案例资源，可以利用数据库或网站等技术手段建立案例资源库的数字平台。这个平台可以提供案例的分类检索功能，使学习者能够方便地找到自己所需的案例资源。同时，平台可以支持在线学习互动，如在线讨论、作业提交等，促进学习者的互动和交流。

6. 持续完善和更新

案例资源库应该是一个持续发展的项目。根据教学实际和学习者的需求，及时搜集新的案例资源，不断丰富和优化资源库的内容。同时，要保持案例的真实性和教学功能，确保案例能够反映当今商务环境的变化和需求。

7. 评价使用效果

为了评估资源库对学习者商务英语应用能力的提升作用，可以通过问卷调查和教学评估等方式收集学习者的反馈和意见。根据评价结果，优化改进资源库的建设，提高学习者的学习体验和教学效果。

通过以上步骤，建设商务英语案例与模拟情境资源库可以帮助学习者更好地应对全球化和跨文化交流时的需要。资源库中的案例和模拟情境能够提供真实的商务环境，培养学习者的跨文化沟通能力和商务交际技巧，提高他们在商务领域中的竞争力和适应能力。

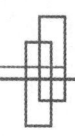

第二节 商务英语教师能力培养与师资力量的提升

在商务英语教学领域，培养优秀的教师团队并提升其专业能力是确保教学质量和学生学习效果的关键所在。商务英语教师应当具备全面的专业素养和教育教学能力，以引导学生在国际商务领域取得成功。在这样一个日益全球化和信息化的时代，商务英语教师只有不断提升自身的教育水平和实践能力，才能更好地适应和引领商务教育的发展潮流。本节将探讨商务英语教师能力的构成要素，以及针对这些要素所采取的培养途径和提升措施，旨在为培养高素质的商务英语教师队伍提供有效的指导和支持。

一、商务英语教师能力的构成

商务英语的特殊性质决定了商务英语教师不同于一般大学英语教师。他们必须拥有多方面的专业素养，以便能够有效地传授商务英语知识和帮助学生提高商务英语技能。

（一）专业的语言能力

商务英语教师需要具备深厚的英语语言知识功底，包括广泛的词汇掌握、语法结构熟练掌握以及文体修辞等方面的知识。他们应该能够准确理解和解释商务英语文本，同时能够帮助学生充实和提高他们的词汇与语法知识。

商务英语教师应该能够以标准而流利的口音和语调讲授商务英语内容，这有助于学生培养正宗的发音和口语交际能力。他们应该能够在商务交流中表达清晰、自信和有效。

商务英语涉及各种不同领域的专业术语，因此商务英语教师需要拥有广泛的词汇量，以便能够帮助学生理解和运用商务英语词汇。商务英语文本常常要求不同的文体和修辞技巧，包括正式信函、商务报告、演讲稿等。教师需要了解这些不同的文体和修辞要求，以便教导学生如何有效地撰写商务文档。

商务英语不仅仅是语言，还涉及跨文化交际。商务英语教师应该了解不同文化背景下的交际规范和礼仪，以便帮助学生在国际商务环境中成功交流。

（二）出色的教育教学能力

商务英语教师出色的教育教学能力是确保学生有效学习商务英语的关键。

首先，商务英语教师需要能够制订系统性和有针对性的教学计划。这包括明确的教学目标的设定，课程大纲的制定，以及选用合适的教材和资源。通过合理的教学设计，教师可以确保教学内容有条不紊地呈现，以满足学生的学习需求。

其次，商务英语教师应该具备使用灵活多样的教学方法的能力。这可以包括小组讨

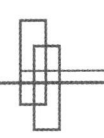

论，角色扮演，案例分析，项目研究等，以提高学生的参与度和理解深度。通过多样的教学方法，教师可以更好地满足不同学生的学习风格和需求。

再次，商务英语教师需要具备有效的课堂管理技巧，以确保课堂秩序井然，学生能够专注于学习。这包括时间管理，学生互动的鼓励，以及纠正学生的不当行为。通过良好的课堂管理，教师可以创造一个积极的学习环境，提高学习效率。

最后，商务英语教师需要制定明确的评估标准，并能够使用各种评估方法来评估学生的学习成果。这可以包括考试、作业、项目、口语表现和写作作品等多种形式的评估。通过及时的反馈，教师可以帮助学生了解他们的强项和弱项，从而更好地提高。

（三）丰富的商务知识

丰富的商务知识使商务英语教师能够向学生传授实际的商务技能，帮助他们成功地在商务领域工作。

商务英语教师应该了解不同的商业沟通类型，如商务信函、商务报告、商务会议、电子邮件沟通等。他们应该能够教导学生如何有效地撰写和回应这些商业沟通，包括清晰的表达思想、使用适当的语气和措辞以及正确的格式。商务英语教师需要了解不同文化背景下的交际规范、价值观和习惯，以帮助学生在国际商务环境中建立成功的人际关系。这包括了解不同文化的沟通风格、社交礼仪以及文化敏感性，以避免文化误解和冲突。此外，商务英语教师应该能够教导学生关于商务场合中的适当行为、礼仪规范和社交礼节。这包括了解商务社交活动、商务会议和商务宴会的礼仪，以及如何在不同商务场合中表现得自信和专业。

商务英语教师需要保持对商务领域的知识更新，因为商务环境不断发展和演变。他们应该积极参与行业研究、跟踪最新的商业趋势和技术，以便为学生提供最新的商务信息和技能。

（四）先进的信息素养

先进的信息素养是指商务英语教师在新形势下必备的素质。他们需要敏锐的信息意识，深厚的信息技术知识，以及熟练的信息技术工具应用能力，以便将传统的教学方式与新兴的网络教学有机结合，提高课堂教学的人机交流能力，展现网络强大的辅助功能，提高教学效率。

首先，商务需要时刻关注信息技术领域的最新发展，了解数字化教育的趋势和变化。这种敏感性使教师能够更好地适应新的教学方法和工具，确保他们的教学始终保持与时俱进。

其次，商务英语教师应该拥有先进的信息技术知识。包括了解计算机硬件和软件、网络技术、电子教育工具等。他们应该能够理解信息技术的基本原理，以便有效地应用于教学中。这意味着他们需要不断学习和更新自己的信息技术知识，以保持竞争力。

最后，熟练使用信息技术工具是商务英语教师的重要技能。他们应该能够有效地运用计算机多媒体技术和网络资源，以支持课堂教学。这包括创建多媒体教材、使用在线教育

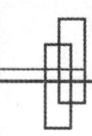

平台、进行远程教学，以及帮助学生进行计算机操作和网络应用。这些技能有助于提高课堂教学的效率和质量。

（五）深厚的人文素养

深厚的人文素养使商务英语教师能够在教育教学过程中发挥更大的作用，通过自身的修养和榜样作用，塑造学生的综合素质和人格魅力。

第一，通过广泛的文学阅读和文化熏陶，商务英语教师能够积累更多的人文知识，这有助于他们丰富自己的教育内容。通过深入理解文学作品中的人性、情感和价值观，他们能够将这些深刻的内涵融入自己的教学中，从而使学生在商务英语学习的过程中接受更为丰富的人文熏陶。

第二，深厚的人文素养意味着商务英语教师不仅仅是知识传授者，更是道德引领者。他们应该坚定自己的价值观念，并以身作则，通过自身的言行举止来引导学生。这包括培养高尚的道德情操和积极的人生态度，使学生受到良好的榜样影响，逐渐形成有担当和有情怀的人格特质。

第三，深厚的人文素养与教育使命感密不可分。商务英语教师应该怀有强烈的教育使命感，认识到自己的责任不仅仅是传授商务英语知识，还包括培养学生的综合素养和人格魅力。这种使命感激励着教师付出更多的心血和努力，确保学生在商务领域的学习中不仅仅是追求专业技能，更能注重人文修养和社会责任感。

第四，商务英语教师应当遵守职业道德规范，注重自身的师德标准。通过良好的操守和道德行为，他们不仅可以塑造学生的正确人生观和价值观，还可以为学生树立榜样。这有助于形成积极的教育环境和道德风尚。

第五，深厚的人文素养包括对学生的人文关怀和关爱。商务英语教师应该了解学生的成长环境和背景，鼓励他们树立正确的人生目标，并提供必要的指导和帮助。这种关怀会使学生感到被尊重和理解，有助于塑造他们的综合素质和社会责任感。

（六）终生学习和自我提升的能力

终身学习的意识和积极的学习态度是商务英语教师教学的基础。他们应该认识到知识和教育领域都在不断发展和演进，因此必须不断学习以跟上潮流。这种意识使他们保持谦卑，愿意接受新的教学方法和理念，以不断改进自己的教育实践。

商务英语教师应积极参与专业发展机会，如研讨会、研讨课、研究项目等。这些活动可以提供与同行交流、分享经验和获取新知识的机会。通过与其他教育者合作，他们可以互相启发，汲取新的教育理念，并了解最佳实践。另外，商务英语教师还要定期更新自己的商务英语知识。他们可以通过阅读最新的商务英语教材、参与在线课程、关注相关出版物和学术研究来实现这一目标。了解最新的商务术语、行业趋势和案例研究有助于教师将最新信息传达给学生。

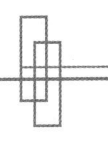

二、商务英语教师能力的培养途径

商务英语教师在商务英语教学中扮演着至关重要的角色。他们不仅负责传授商务英语知识，还是商务英语教育愿景的设计者和实践者。商务英语教师的素质和能力直接影响商务英语教育的质量与学生未来的发展方向。教师的素质和能力既可能成为商务英语教育的制约因素，也可能成为推动商务英语学科发展和培养复合型商务人才的动力。因此，研究如何培养和发展商务英语教师的能力是推动商务英语教育不断前进的必要条件。

（一）明确商务英语教师的发展目标

确定商务英语教师的发展目标是培养跨学科、复合型专业教师的重要要素。这需要教育机构采取开放的态度，积极鼓励英语教师朝着跨学科和多领域发展，同时政府、学校和社会需要提供政策支持和制度保障。教育部门应该加强职前培训和职后继续教育的衔接，建立完善的培训体系，并参考其他国家的成功经验，根据本地实际情况有序推进。

在学校层面，需要建立尊重知识和人才的机制，鼓励教师跨学科合作，培养多才多艺的教育者。构建团队共识，建立协作意愿，形成强大的凝聚力。同时，培养学习型组织，鼓励质疑和创新，引导教师不断提升自己的能力，使他们在教学中找到乐趣，实现持续发展。

学校应该整合不同的专业组织，包括学院、系部和教研室等，以更好地利用各种资源。专业部门和人事部门应该携手合作，根据教师的个人兴趣和工作需要，帮助他们制定明确的发展目标，并提供具体的措施。这将为商务英语教师的培养提供坚实的基础和平台，使他们能够满足与应对社会的期望和挑战，成为卓越的专业教育者。

（二）企业实习扩充商务知识

将教师引入商务实践是扩充商务知识的关键步骤。虽然商务英语教师已经掌握了相对扎实的商务基础知识和理论，但他们缺乏对实际商务环境的亲身体验。为此，学校应该有组织地安排教师定期前往商务一线进行实地考察和学习。此外，学校还可以利用假期安排教师进入企业实习，以扩充相关行业的背景知识。

商务英语教师可以选择到外贸企业、对外业务较多的企业或合资企业等进行实践学习。这样做既可以让他们亲自了解国际贸易流程、国际企业管理、国际市场营销等知识，积累实践经验，丰富商务知识，提高商务操作技能，也能让他们了解用人单位对毕业生素质和能力的具体要求，从而调整课程内容，改进教学方法，开发具有前瞻性的课程。这样可以使教师对英语在国际商务环境中的实际应用有更全面、具体的把握。

同时，教师可以在实践中收集大量真实的案例和素材，为课堂教学提供更加实用和贴近实际的教学内容，使学生能够更好地理解和应用所学知识。这种将理论知识与实践经验相结合的方式将为教学提供更加丰富和深入的支持，使学生可以更好地适应未来的商务工作环境。

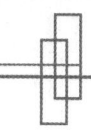

（三）开展国际合作办学

与国外学校联合创办商务英语专业有助于将专业与国际接轨。这不仅有利于增进师生对外国文化和商务的了解，还有助于学生提前适应国际商务环境。这种国际化的教育模式可以加深学生和教师对国际商务英语的认知，提高其国际背景知识水平和跨文化交际技能。

合作办学可以帮助学校优化人才培养计划，使其更具针对性和适应国际商务的需求。合作伙伴学校可以提供有关国际商务趋势和需求的信息，以便调整和改进课程，确保学生毕业后具备与国际商务相关的实际技能。中外学校可以交流师资，互派教师，进行合作研究和教学。这种交流可以促进双方教育水平的提高，共同研究教学方案和教学方法。同时教师间的合作研究和研讨会可以推动教育质量的提升。

学校在条件允许的情况下，可以将商务英语教师派往国外合作大学进修或讲学，让他们亲身体验国际商务英语教学，吸收国外先进的教学理念和方法。这有助于教师了解世界文化、贸易和经济的大背景与发展动态，从而提高他们的教学水平。

（四）校内外培训相结合

1. 校内培训

校内培训是指学校内部组织和开展的教育和培训活动，旨在提高学校员工（通常是教职员工）的知识、技能和综合素质，以更好地履行其工作职责和提升个人职业发展。以下是关于校内培训的具体建议。

（1）利用本校及本地资源进行在职培训

学校可以利用本校和本地的资源，组织教师参加在职培训，特别是关于商务方面的知识。这包括鼓励教师参与相关课程、培训班或考取相关证书，如国际商务专业人员职业资格认证。学校在鼓励教师参与培训的同时，也应实行激励政策，以奖励那些取得相关证书的英语教师。

（2）跨系听课和进修

对商务知识薄弱的教师，学校可以鼓励他们去其他系、学院听课或进修，以获得跨学科的知识。同样，英语水平相对较低的教师可以到外国语学院或英语系提高其语言能力，特别是口语交际水平。此外，学校还可以采用"一帮一"结对的方式，让老教师帮助新教师提高教育教学能力。

（3）邀请校内外专家进行培训

学校可以定期邀请校内外专家，包括学者和实际从业人员，对商务英语教师进行培训。这种培训不仅有助于师资队伍质量的不断提升，还可以涵盖国际商务英语学科知识和实际操作技能。

（4）利用现代化教育技术培训

在当今高度数字化的时代，利用现代化教育技术进行在线学习和培训已经成为一种重要趋势。对商务英语教师而言，利用网络等技术进行在线学习和培训能够极大地丰富其知识储备和教学技能范围。

商务英语教师可以利用各种在线学习平台和网上课程，参与商务英语相关课程和教学资源。这些平台提供丰富的学习材料、教学视频、互动讨论等，可以帮助教师在灵活的时间安排下进行系统的学习和培训。另外，参加远程培训课程和网络研讨会也是商务英语教师更新知识的有效途径。通过网络研讨会，教师可以与来自世界各地的专业人士进行互动，分享经验并了解最新的教学方法和商务实践。同时教师可以利用开放式在线课程（MOOCs）接触到更广泛的商务知识和教学资源。这些课程通常由世界知名大学和专业机构提供，涵盖了丰富的商务领域知识和实用技能，以帮助教师拓宽视野和提升专业素养。

2. 校外培训

校外培训包括学历进修和非学历培训。学历进修是指通过各种优惠政策鼓励青年教师攻读国际商务英语专业的本科及以上学位。这种机会和渠道应该是长期的、正规的，包括本科、硕士乃至博士层次，以满足国际商务英语学科不断发展的需求。这样的学历进修能够为国际商务英语学科提供长期的专业人才支持。

除了学历进修，学校还可以选派教师参加国内权威院校举办的国际商务英语教师师资培训班。这有助于教师接触先进的教育理念和教育方法，提高教学质量和人才培养水平。此外，学校还可以选派教师参加国外短期考察、学习和进修，以了解国际商务英语领域的最新发展动态，并将这些经验应用到教学实践中。

三、商务英语教师师资力量的提升

（一）商务英语教师社群合作

商务英语教师社群合作是一种有助于提升教师师资力量的重要方式。这种合作通过互相学习、共同研究和教学实践，有助于促进教师的专业成长和提高教学质量。

1. 合作教学

合作教学是由商务英语教师群体中的教师们共同协作来完成教学任务的方式。这种合作可以包括来自不同语言背景、商务背景和其他领域的教师，共同制定教学大纲、备课、设计教学活动和测试，并共同教授课程。合作教学使教师能够充分发挥各自的专长，相互交流教学观点和方法，并共同探索、研究和总结商务英语教学的最佳实践。这种合作教学可以帮助减少不同背景教师之间的知识差距，加速教师的教育技能和专业能力的提升。

合作教学方式可以根据具体情况采取多种形式，如全程合作式、协助合作式和课程辅导式，以适应不同的课程和师资情况。通过合作教学，教师能够共同解决教学中的难题，提高课堂教学质量，为学生提供更富有挑战性的学习体验。

2. 互助听课

互助听课是一种专业教师之间相互学习和交流的方式。不同于传统的听课，互助听课是一种目的明确的教学观察方式。在互助听课中，教师带着明确的学习目标和工具观察同事的教学，并将观察结果用于互相学习和提高自己的教学质量中。这种方式强调互相学

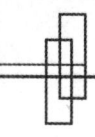

习、互相促进和共同解决教学问题，而不是评价或批评。

在互助听课中，授课教师能够展示自己的教学方法，接受同事的建议和反馈，从而不断改进自己的教学。听课者则可以学习不同的教学方法和策略，促进专业成长。听课后，教师可以进行研讨和分析活动，分享观察和反馈，互相学习和提高。

为提高互助听课的质量，学校和专业组织可以提供听课培训机会和工具，以帮助教师明确听课目的、态度、重点，以及如何进行有效的课后研讨和反馈。这种合作方式可以促进教师之间的真诚合作，使他们融入学习型团队中，提升教学能力、专业素养，并对提高课堂教学质量产生积极影响。

通过商务英语教师社群合作，教师们可以不断学习、共同研究，促进专业成长，提高教学质量，为学生提供更丰富和高质量的教育内容。这种合作有助于建立积极的教师学习文化，激励教师不断改进自己的教学方法，提升教学效果。

（二）构建商务英语教师学习共同体

1. 学习共同体的含义

教师学习共同体是一个由教育工作者（包括教师、学校管理员、教育专家等）组成的社会群体，旨在共同追求教育领域的知识、教学方法和教育政策的发展和提高的目标。这个概念强调了教育工作者之间的合作、互动和共享，以促进教育领域的不断改进和创新。

教师学习共同体具有以下主要特点。

专业发展：教师学习共同体旨在支持教育工作者的专业发展。教育领域不断演变，因此教师需要不断学习新的教学方法、教育政策和教育技术。共同体提供了一个平台，让教师能够一起研究和讨论这些新领域。

资源共享：成员可以共享教育资源，如教材、教案、教学工具、研究成果等。这有助于提高教育工作者的工作效率和教学质量。

互相支持：教育工作者可以互相支持，分享经验和教训。他们可以一起应对教学中的挑战，提供建议和反馈，相互激励。

专业成长：教师学习共同体有助于教育工作者的专业成长。他们可以通过互动、合作和讨论提高自己的教育水平，不断改进自己的教育实践。

集体学习：共同体强调集体学习的价值，成员之间可以一起参与专业发展活动，如研讨会、研究项目、培训课程等。

教育创新：教师学习共同体有助于促进教育创新。成员可以共同研究新的教育方法和教育技术，尝试新的教育策略，并评估其有效性。

教师学习共同体的目标是不断提高教育教学质量，促进教育工作者的专业发展，以及为学生提供更好的学习体验。这种合作和共享的文化有助于创造积极的学习环境，提高教育领域的整体水平，促进教育改革和创新。教育工作者通过加入教师学习共同体，可以获得更多资源、支持和机会，以提高自己的教育水平和促进职业发展。

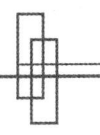

2.商务英语教师如何构建学习共同体

商务英语教师可以通过多种方式构建学习共同体，以促进自身的专业发展和提高教学质量。以下是一些详细的方法和策略。

（1）教师专业发展组织

商务英语教师可以创建或加入专业发展组织，如教育学院、专业协会、学科小组等。这些组织提供了一个共享资源和经验的平台。成员可以共同讨论教学方法、教材选择、教育技术和最佳实践。

（2）定期教研会议

商务英语教师可以定期组织教研会议，邀请同事参与。在这些会议中，教师可以分享他们的教学经验、成功故事和教材资源。会议可以用于讨论特定教育问题和挑战，以便共同寻找解决方案。

（3）在线社交平台

利用在线社交平台，如教育专业网站、社交媒体和教育论坛，商务英语教师可以与其他教师建立联系。他们可以在这些平台上分享文章、链接、资源和观点，从而进行在线交流和合作。

（4）合作教学项目

商务英语教师可以与同事合作开展跨学科的教学项目。例如，与商学院的教师合作开设商务英语与国际贸易的联合课程。这种合作可以增强学生的跨学科能力，同时可以提高教师的教学方法。

（5）共同备课

商务英语教师可以与同事进行共同备课，讨论教学目标、教材选择和教学方法。这有助于确保一致性教学，并促进经验分享和合作。

（6）专业发展研讨会：商务英语教师可以参加专业发展研讨会，学习新的教育趋势、研究成果和最佳实践。这些研讨会可以提供与其他教育工作者交流的机会。

（7）研究合作：商务英语教师可以合作进行教育研究项目。他们可以一起设计研究方案、收集数据、分析结果，并发表研究论文。这有助于教师提高研究能力和知识水平。

（三）支持商务英语教师成为研究者

积极开展科研活动对深化商务英语教学改革和提升商务英语教师的专业水平至关重要。现代要求教师不仅仅是经验的传递者，还要成为具备研究能力、学者品质和专业专长的教育者。商务英语教师需要不断探索新的教育教学方法，获取最新的知识，拓展学科领域。通过积极参与商务英语教育科研实践，他们可以提高自身的素质和专业水平，从而更好地满足学生的需求，促进商务英语教育的发展。

以下是一些具体方法和策略来支持商务英语教师成为研究者。

1.树立问题意识

商务英语教师应当培养其对教学实践中的问题敏感性，不断反思自身教学过程中的挑

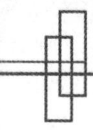

战和困惑，并主动寻求解决方案，从而为研究提供具体的问题来源。

2.学习研究方法

学校可以提供相关的研究方法培训课程，帮助商务英语教师掌握研究方法和技能。这包括教育科学理论、实证研究方法以及行动研究等方面的学习。

3.实施行动研究

商务英语教师可以采用行动研究方法，通过不断的实践和反思来探索解决教学实践中的问题。这种方法能够使教师深入了解实际问题，并在实践中逐步改进教学方式和教学效果。

4.促进同行合作

学校可以鼓励商务英语教师之间的合作研究项目，通过集体讨论和共同研究来促进教师间的交流和学术合作，从而扩大研究成果的丰富性和深度。

5.提供研究资源支持

学校应提供丰富的研究资源和支持，包括研究经费、实验设备以及学术交流平台，以便商务英语教师开展深入的研究活动。

总之，通过这些支持措施，商务英语教师可以逐步转变为具有研究能力和创新意识的教育专业人士。这不仅有助于提升教师的专业水平，还能够促进商务英语教育领域的不断创新和发展。

第三节 商务英语教学评估体系构建

商务英语教学评估是商务英语教育中至关重要的一环，它不仅仅是对学生学习成果的检验，更是一项全面的教育过程管理工具。本节将探讨教学评估的定义及其在商务英语教学中的内涵与意义，阐明构建商务英语教学评估体系的原则，并深入探讨实施商务英语教学评估的具体方法，旨在为商务英语教学提供有效的指导和参考。

一、教学评估概述

（一）教学评估的定义

教学评估是一种系统性的过程，用于评价教育活动、教学方法、学生学习成果以及教育机构的绩效。它旨在收集和分析数据，以帮助教育者和决策者了解教学的有效性，识别改进的机会，并制定教育政策和决策。教学评估可以采用各种方法和工具，包括考试、作业、学生表现评估、教师评估、学生反馈、课程评估等，以全面评价教学质量和学习成果。

教学评估具有多种功能，可以帮助教育者更好地达到其教育目标和改进教学过程。

1.导向功能

教学评估的导向功能是指其能够为教育体系、学校、教师和学生提供明确的指导，以确保他们朝着预定的教育目标和标准迈进。通过评估目标、指标体系和评价标准，教学评估可以帮助确定教育的方向和重点，使教学过程具有清晰的方向性。这有助于学校和教育者更好地规划教育活动，以提高学生的学业成就和发展其他重要技能。

2.监督检查功能

教学评估在教育体系中具有监督和检查功能。允许社会各界、教育管理部门和学校自身对教育工作进行监督和检查。这种监督有助于确保教育体系的透明度、质量和一致性。教育管理部门可以使用评估结果来制定政策、提供指导和改善教育机构的管理。另外，教育者和学校也可以通过评估结果来调整和改进他们的教学方法和实践。

3.激励功能

教学评估可以激发被评估者的积极性和竞争意愿。当个人或组织知道他们将接受评估时，他们通常会努力提高自己的表现水平，以达到或超越预定的标准。这种激励作用可以促使教师、学生和学校追求更高的学术水平和绩效。另外，教学评估还可以鼓励教师分享最佳实践，以促进教育质量全面的提高。

4.筛选择优功能

教学评估有助于筛选和选择最优秀的教育机构、教师和学生。通过比较和评估不同学校、教育者和学生的绩效，可以识别出最成功的案例，并对其工作进行奖励。这有助于树立榜样和鼓励其他教育机构、教师和学生效仿并不断提高自己的水平。

5.诊断改进功能

教学评估具有诊断和改进功能。它通过分析评估结果，可以发现教育过程中存在的问题和不足。这有助于教育者和学校识别需要改进的领域，并采取适当的措施来解决这些问题。通过持续的评估和改进，教育体系能够不断提高质量，确保学生的学习体验更加有效和富有意义。

综合来看，教学评估在教育体系中发挥着重要的作用，不仅可以为教育目标的实现提供指导，还可以监督、激励、筛选和改进，从而推动教育质量的提高和学生的综合发展。

（二）教学评估的方法

教学评估的方法可以根据不同的标准和目的进行分类。以下是常见的教学评估方法类型。

1.按数据收集方式分类

根据数据收集方式分类，评估可以分为定性评估和定量评估。定性评估主要侧重描述性和观察性数据的收集，如教育者的观察和学生的反馈，而定量评估则侧重可量化的数据，如标准化测试成绩和考试得分。

2.按评价目的分类

按照评价的目的分类，评估可以分为诊断性评估、成果性评估和发展性评估。诊断性

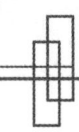

评估旨在识别学生的学习障碍和需要改进的方面，成果性评估衡量学生在特定时间段内的学习成果，而发展性评估则关注学生的学习发展和进步。

3.按评价主体分类

根据评价主体分类，评估可以涉及学生自我评估、教师评估、同行评估以及家长评估。学生自我评估有助于培养学生的自我意识和反思能力，教师评估提供了专业的教学反馈和建议，同行评估和家长评估则提供了其他利益相关者的视角和反馈。

4.按评价工具和技术分类

（1）标准化的测验或考试，评估学生的学术成绩，并将其与广泛的学生群体进行比较。

（2）学生完成特定任务或项目，如研究论文、实验报告或创造性作品，以展示他们的知识和技能。

（3）学生和其他利益相关者填写问卷，提供关于教学质量、满意度和需求的信息。

（4）教育者观察学生在课堂中的参与度、互动和学习表现。

5.按时间点分类

按时间点分类，评估形式可以分为形成性评价和终结性评价。形成性评估发生在学习过程中，通常在教学过程中的不同阶段，以便在学习仍在进行时提供反馈。这种评估方法包括教师的课堂观察、小组讨论、日常作业、小测验、学生互评、教师反馈和自我评估等。它的目的是帮助学生改进学习方法和理解概念，促进学习过程中的积极互动。终结性评估通常在学习过程结束时或学期结束时进行，以评估学生的最终成绩。这种评估方法包括期末考试、终结性项目、论文、标准化测试、终结性报告等，其主要目的是对学生的学术表现进行总结和评价，通常占据学期或课程总成绩的较大比例。

总之，综合利用不同类型的教学评价方法可以更全面、准确地了解学生的学习状况，帮助教育者做出更明智的教学决策，以提高教学质量。不同的评价方法可用于不同的情境和评价目的。

二、商务英语教学评估的内涵与意义

（一）商务英语教学评估的内涵

商务英语教学评估是一个多层次的、综合性的过程，旨在评价商务英语学习者、课程设置和教师在商务英语教育中的表现及成就。它包括对学习者的发展变化和构成这种变化的多种因素进行价值判断的一系列方法、标准。商务英语教学评估涵盖了多个层面，包括学习者、课程和教师：

1.学习者层面的评估

学习者层面的评估关注学生的学习过程和成果。这包括对学生在一段时间内所获取的知识、语言技能和职业素养的考察与测量。商务英语教学评估旨在确定学生的语言水平、专业知识和跨文化沟通能力等方面的成就。这种评估有助于学生了解自己的学习进展，并

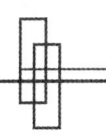

提供反馈以改进学业表现。

2. 课程层面的评估

课程层面的评估旨在对商务英语课程的质量和效果进行考察和测量。这包括了解课程是否满足学习者的需求和教学目标，以及是否提供了必要的语言技能和专业知识。评估课程质量有助于教育机构了解课程的有效性，并根据结果进行改进课堂设计。

3. 教师层面的评估

教师层面的评估是指教师在教学过程中收集、综合和分析信息的过程。这包括了解学习者的学习需求和进展情况，以便决定和调整教学方法和策略，以提高教学效果。教师通过评估可以促进个性化教学，满足学生的需求，并不断提高课堂教学效率。

商务英语教学评估的内涵在于全面考察和测量学习者、课程和教师的表现，同时提供反馈以改进教学和课程设计，以确保商务英语教育的质量和效果。

（二）商务英语教学评估的意义

1. 对商务英语教学的促进

商务英语教学评估有助于提高教学质量，明确教学目标，并调整教学方法和内容以满足学生的需求。通过评估结果，教师和教育管理者可以了解教学的强项和薄弱点，从而改进教育计划和课程设计，确保学生能够掌握实际商务英语技能。另外，评估还能激发学生的积极性，使他们更专注于学习，提高学业成就。

2. 对商务英语学习者学习过程的监控

商务英语教学评估有助于监控学习者的学术进展和发展情况。通过定期的评估，教师可以跟踪学生的学术成就，了解他们在不同领域的表现，以便提供个性化的支持和指导。这有助于学生更好地了解自己的学业需求，并进行改进。

3. 对商务英语教师教学的指导

商务英语教学评估可以为教师提供反馈信息，帮助他们改进教学策略和方法。评估结果可以揭示教学中的问题和不足，帮助教师更好地满足学生的需求，提高教学效果。教师可以根据评估结果调整教学计划，提供更有针对性的教育，使学生更好地掌握商务英语技能。

4. 对学生和教师的激励作用

商务英语教学评价可以激发教育双方的积极性。学习者和教师都希望达到良好的评价结果，因此评价标准成为他们追求的目标。这种激励作用激发了学习者和教师的动机，鼓励他们更加专注和努力，以实现高水平的学业和教学目标。

商务英语教学评价可以创造出正式或非正式的竞争环境，激发学习者之间的竞争欲望。学习者会竭尽全力以满足评价标准，争取获得更好的评价结果。这种竞争激励有助于提高学习者的学术动力，推动他们追求卓越，创造更大的成就。

5. 对商务英语教学管理的提升

商务英语教学评估有助于提高教育管理水平。评估结果提供了教育管理者了解教学质

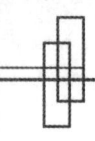

量和学生学业成就的数据支持。这有助于教育机构采取措施改进教育政策和资源分配，以更好地满足市场需求。另外，评估还可以帮助教师制定更明智的决策，提高商务英语教育的有效性。

三、商务英语教学评估体系构建的原则

商务英语教学有其特有的特点与目标，根据教学评估理论和商务英语教学的特征，构建商务英语教学评估体系需要遵循以下原则。

（一）科学性原则

科学性原则是该评估体系的核心原则，它强调评估的科学性和客观性，确保评价过程和结果符合教育的客观规律。

1.客观规律的遵循

科学性原则要求商务英语教学评估必须基于客观规律进行。这意味着评估体系的设计和实施应该建立在教育学、评估理论和商务英语教育的基本原则之上。评估体系的构建需要参考已有的教育科学研究和实践经验，以确保评估的合理性和有效性。

2.准确的评估指标

科学性原则要求明确定义和准确的评估指标。评估体系应包括明确的评价标准和指标，以确保对学生的表现进行准确的测量。这包括语言技能、商务知识、跨文化交际能力等各方面的具体指标。

3.科学的数据分析方法

评估体系应使用科学的数据分析方法，以处理和解释评估结果。这包括使用统计分析、数据比较和趋势分析等方法，以便从评估数据中获得有意义的信息，识别学生的强项和需改进的领域。

4.合理的评价方法和技术

科学性原则要求评估方法和技术的选择要合理。商务英语教学评估可以结合定性和定量评价方法，以获得更全面的信息。例如，口语考试、项目作业和写作样本可以与定量测试相结合，以综合评价学生的语言能力。

除此之外，教师和评估者还应具备科学的态度和精神。这包括客观、公正、无偏见地进行评估，同时对评估过程进行不断的反思和改进，以提高评估的科学性。

（二）多样化原则

1.多层次的评估

多样化原则要求对不同层次的商务英语教育对象进行不同的评估。例如，本科生和专科生的评估需求可能不同，因为他们的教育目标和背景不同。评估体系应根据不同层次的学生的需求和目标进行定制，确保评估是有针对性的。

2.多规格的评估

商务英语教学评估应根据不同的规格和培养目标进行多规格的设计。不同学校和机构

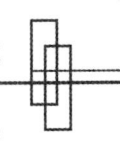

可能有不同的商务英语培养目标，因此评估体系应根据这些不同的规格来制定。这意味着评估内容和标准应根据规格的要求进行调整。

3.多种评估方法

多样化原则强调采用多种不同的评估方法和工具。商务英语教学涉及语言技能、商务知识、跨文化交际等多个方面，因此需要不同的评估方法。口语考试、写作任务、项目作业、模拟商务场景等不同评估方法应结合使用，以全面了解学生的能力。另外，多样化原则还要求将形成性和终结性评估相结合。形成性评估关注学生在学习过程中的进展，终结性评估关注学生在某一时点的总体表现。这两种评估方法的结合有助于跟踪学生的学术发展，同时对学生的整体能力进行终结性评估。另外，多样化原则鼓励将新兴的、更加以人为本和综合考察学习者能力的评估方法应用于商务英语教学评估。例如，可以考虑使用基于项目的评估、综合案例研究、自主学习日志等新型评估工具，以提高评估的有效性和适用性。

综合运用多样化原则，商务英语教学评估体系将更好地满足不同层次和需求的学生，以及涵盖多个领域的教育目标。这一原则有助于构建灵活和综合的评估体系，使商务英语学生能够充分展现他们的多样化能力。

（三）真实性原则

商务英语教学评估的真实性要求评估任务与现实商务活动中的任务相似。这意味着评估任务应当具有商务英语学习者在实际工作中可能面临的挑战和要求。例如，评估任务可以包括编写商务邮件、起草合同、编制市场报告等，这些任务模拟了真实商务场景中的工作。评估任务应与学习者的商务英语角色相关。不同的学生可能有不同的商务职业目标，因此评估任务应考虑他们未来可能扮演的不同角色。例如，一名学生可能希望成为国际市场销售经理，而另一名学生可能想从事跨文化沟通咨询。评估任务应根据学生的职业兴趣和目标进行设计。

评估材料的真实性要求评估所使用的文本、资料和情境与实际商务活动中的相似或一致。这可以确保学生在评估中处理的信息和材料与他们在实际工作中可能遇到的情况相匹配。例如，评估材料可以包括真实的商务文件、市场调研数据、贸易协议等。

实性原则要求语言测试与语言交际活动的一致性。这意味着评估任务和测试要求应与学生在现实生活中使用语言进行交际的情况相符。学生参与评估时应感到他们在进行实际的商务交际，而不只是在应对一项测试。

（四）发展性原则

商务英语教学评估的发展性原则是指着眼于学习者的全面发展，促使教育者和学习者关注学习的过程和结果，以达到提高教育质量的目的。这一原则强调了评估的长期性、持续性和循环性，以便更好地满足学习者的需求和实现综合素质的提高。

第一，发展性原则关注学习者的全面发展。商务英语教育的目标不仅仅是传授语言知识，还包括培养学习者的跨文化交际能力、商务实践能力、思辨与创新能力以及自主学习

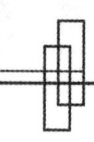

能力。因此，在评估过程中，教师必须综合考虑这些因素，以便全面了解学习者的发展情况。

第二，发展性评估强调了观察学习者的进步和发展。这意味着评估不仅仅是一次性的测量，而是一个长期的过程，通过连续的观察和反馈，可以更好地了解学习者的学习轨迹和能力变化。这种动态的评估可以帮助教育者调整教学策略，以更好地满足学习者的需求。

第三，发展性评估具有诊断功能。它不仅仅是为了评定学习者的成绩，更重要的是帮助学习者识别自身的潜力和不足。通过详细的反馈和分析，学习者可以深刻理解自己的学习状态，并制订个性化的学习计划，以持续提升自身的能力和水平。

第四，发展性评估能够激发学习者的积极性，促使他们不断追求更好的表现。通过及时反馈，学习者会感到自己的努力得到了肯定，从而更有动力继续努力。

第五，发展性评估对教育实践的改进提供了指导。通过观察学习者的表现和反馈信息，教育者能够及时调整教学方法和课程内容，以更好地满足学习者的需求。这种反馈循环和持续改进的过程对商务英语教学的质量提升至关重要，确保教育者能够不断适应不断变化的商务领域需求，从而培养更具实践能力的人才。

（五）公平性原则

公平性原则确保每个学习者都有平等的机会参与评估。这意味着评估工具和方法应该客观设计，以适应不同学习者的需求和背景。例如，评估工具应考虑到不同学习者的语言水平、文化差异以及特殊需求，以确保他们都有机会表现自己的真实能力。

公平性原则要求评估不应该歧视或不公平地对待任何特定群体的学习者。评估工具和方法不应包含对某一特定群体不利的元素，避免造成不公平的结果。例如，应该避免对非英语母语学习者使用过于复杂或文化特定的语言表达方式。为了确保公平性，评估体系应该采用多元化的评估方法。这包括不仅仅依赖于标准化的考试，还要考虑到口头表达、书面作业、小组项目和其他多样化的评估方式。这样，不同学习者的强项和需求都能得到充分的体现。

公平性原则要求评估过程应该透明和公开。学习者应该清楚地了解评估的标准和流程，以及如何获得反馈。这有助于减少不确定性，确保学习者明白他们的表现将如何被评估。

（六）可操作性原则

可操作性原则强调评估体系和方法应该易于操作，使教师和评估者能够有效地收集、分析和解释评估数据，以便做出明智的教育决策。

1.清晰的评估标准和指标

评估体系应该包括明确的评估标准和指标，这些标准和指标对教师和学习者来说都应是清晰明了的。标准和指标应该与商务英语教学的目标及内容相匹配，以便能够准确地度量学习者的能力和表现。

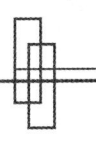

2.简单而有效的评估工具

可操作性要求评估工具和方法应该简单而有效。教师和评估者应该能够轻松使用这些工具，而不需要复杂的培训或专业知识。简单的工具有助于提高评估的可行性。

3.有效的数据收集和分析

可操作性原则强调评估数据的收集和分析过程应该是高效的。评估工具和方法应该能够迅速生成可用的数据，以便教师和评估者可以及时了解学习者的表现。同时，数据分析过程应简化，以使得结果能够被有效地解释和应用于教育决策中。

4.可行的反馈和改进

可操作性要求评估体系应该包括反馈机制，以便学习者和教师能够根据评估结果进行改进。这需要确保反馈及时提供，并且能够具体指导学习者和教师如何提高表现水平。

5.可持续性和可扩展性

可操作性原则要求评估体系和方法应该是可持续的和可扩展的。它们应该能够适应不同的学习环境和需要，以便在不同的情况下使用。

6.适应性和个性化

可操作性原则强调评估体系应该能够适应不同学习者的需求和背景。这意味着评估工具和方法应该具有一定的灵活性，以允许个性化的评估，以满足学习者的不同特点。

总的来说，可操作性原则在商务英语教学评估中有助于确保评估体系和方法的有效性与可行性。这有助于教师和评估者更好地理解学习者的表现，提供有针对性的支持和反馈，从而促进学习者的进步和发展。

四、商务英语教学评估体系构建

商务英语教学评估体系的构建是一个复杂而系统的过程，基于上文阐述的商务英语评估原则，接下来尝试构建一个全面、发展、多元的商务英语教学评估体系。

（一）明确评估的目标

商务英语教学评估体系的构建需要明确评价的目标，以确保评估的有效性和准确性。这些评价目标应该与商务英语教学的整体目标和学生的需求相一致。以下是一些可能的评价目标。

语言能力评估：包括听、说、读、写等方面的能力评估。这方面评估应涵盖商务英语词汇量、语法结构运用、语言流利度、发音准确性等方面。

商务知识评估：考查学生对商务实务、商务文化、国际贸易、市场营销、商业法律等方面的了解和掌握程度。这方面的评估应包括商务背景知识的掌握情况以及其在实际应用中的灵活运用能力。

跨文化沟通能力评估：考查学生在商务交流中与不同文化背景人士交流的能力。包括学生对礼仪、沟通方式、语言习惯等方面的了解程度，以及在跨文化环境中的适应能力和应对能力。

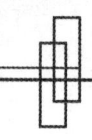

应用能力评估：评估学生将商务英语应用于实际场景中解决问题的能力。这包括商务文档撰写、商务会议演讲、商务谈判、商务信函撰写等实际场景中的应用能力。

综合能力评估：综合考查学生在商务英语学习过程中的综合能力。这包括对复杂商务问题的分析解决能力、商务项目的策划管理能力、团队合作能力以及创新能力等。

确立这些评价目标可以帮助评估者更全面地了解学生在商务英语学习中的优势和不足，从而制订有针对性的教学计划和培训方案。

（二）明确评估的主体

在商务英语教学评估体系中，明确评价的主体是确保评估的全面性和客观性的关键。根据上文的描述，评价的主体主要包括以下几个方面。

1.教师评价

教师在评价中扮演着重要角色。他们通过课堂观察和测试成绩评估学生的语言能力和商务知识水平，为学生提供指导和建议。教师的评价反映了教学过程中的指导和引领，占总分的60%，这可以激励教师积极参与学生学习过程，促进教学质量的提高。

2.学生互评

学生互评是激励学生积极参与学习的有效方式之一。通过小组合作、课堂讨论和课后复习等学习活动，学生可以相互交流、互相学习，并在此过程中互相评价。这种互评机制能够激发学生的合作学习精神，培养学生的团队合作能力，占总分的30%。

3.学生自评

学生自评是培养学生自我认知和自我管理能力的重要途径。通过在整个教学过程中对自身表现进行反思和评价，学生能够更加清晰地认识到自己的优势和不足，从而制订有针对性的学习计划。学生自评占总分的10%，鼓励学生主动参与到学习过程中来，促进其自我提升。

三、多元的评估方法相结合

构建一个全面、多元的商务英语教学评估体系需要结合多种评估方法，以确保评估的准确性和全面性。

（一）笔试和口试

在商务英语教学评估中，采用笔试和口试相结合的方式可以更全面地评估学生的语言能力和交流能力。这两种评估方式各自有自己的优势，能够对学生的不同方面进行全面评价。

书面考试是一种常见的评估方式，可以涵盖多个方面，如词汇、语法、阅读和写作。在商务英语教学中，笔试可以用来评估学生对商务英语专业词汇的掌握程度、语法运用的准确性、商务文档阅读理解能力以及书面表达能力。通过书面考试，教师可以了解学生对商务英语知识体系的掌握情况，包括专业术语的正确运用、商务文件的理解能力和商务写

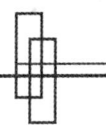

作技巧等。

口头考试能够更直接地评估学生的口语表达能力和语音语调。在商务英语教学中，口试可以通过模拟商务场景，要求学生进行商务谈判、电话沟通或商务演讲等活动来评估其口语交流能力。这种评估方法可以帮助教师了解学生的语音语调是否符合商务交流的要求，是否能够清晰、流利地表达观点，并且是否具备良好的商务沟通能力。

通过笔试和口试相结合的评估方式，教师可以更全面地了解学生的商务英语能力水平，包括书面表达能力和口头交流能力。这有助于为学生提有供针对性的教学指导和个性化的学习计划，促进其商务英语能力的全面提升。同时，这种多维度的评估方式能更好地反映学生在实际商务场景中的应用能力和沟通能力，为其未来的职业发展打下坚实基础。

确定笔试和口试在商务英语教学评估中的权重比例需要根据具体的教学目标、课程设计和评估策略来决定，因此没有固定的权重比例，可以根据不同情境进行调整。

（二）项目作业

设计商务英语相关的项目作业，鼓励学生在实际场景中应用所学知识，如商务报告撰写、商务信函起草等。通过对作业成果的评估，可以更好地了解学生的应用能力和实际操作能力。

在开始项目作业之前，为学生明确提供评估标准和评分标准。这些标准应涵盖项目的各个方面，包括内容的完整性、专业性、语言表达准确性、实际操作能力、创新性等。这些标准可以以明确的形式列出，以便学生了解评估的侧重点。

要求学生以适当的方式展示他们的项目成果，可以是口头汇报、书面报告、演示文稿、商务会议模拟等。评估者可以在项目成果展示时观察学生的表达能力、沟通技巧和专业知识运用。

对书面项目作业，教师可以仔细阅读和评估学生的文档，包括商务报告、市场分析、营销计划等。评估可以依据文档的结构、内容的准确性、语法和拼写的正确性以及专业术语的使用。

考虑引入同行评价机制，让学生相互评估彼此的项目作业。这可以促进合作学习，同时也帮助学生更好地理解评估标准和提供有用的反馈。鼓励学生进行自我评估，让他们反思自己的项目作业，了解自己在项目中的表现和成长。另外，自我评估也可以为他们提供改进的机会。

如果项目作业涉及实际操作，如商务策略的制定或模拟谈判，就可以通过观察学生在实际操作中的表现来评估他们的应用能力。这可以包括学生在模拟商务情景中的沟通技巧、解决问题的能力和决策的合理性。

最终评估应该综合考虑项目的各个方面，以确定学生的综合能力。这可以通过对不同评估要素的权重分配来实现。

（三）课堂观察及学习平台参与度记录

课堂观察是一种直接观察学生在课堂环境中的学习表现的方法。通过课堂观察，教师

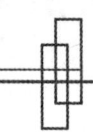

可以评估学生的学习态度，包括他们是否积极参与讨论、是否认真听讲，以及是否在课堂上提出问题。首先，这种观察可以帮助教师识别学生的学习动机和参与度，从而提供个性化的支持和反馈。其次，教师可以观察学生的合作能力，特别是在小组活动中的合作和交流能力。这有助于培养学生的团队合作技能，这对其日后的商务工作中至关重要。最后，课堂观察能够帮助教师评估学生的专注度，了解他们是否能够集中注意力，有效地参与到课堂活动中。

学习平台参与度记录涵盖了在线学习环境中学生的参与情况。这包括学生在学习平台上的在线讨论、作业提交、在线测验成绩等。首先，教师可以记录学生参与在线讨论的频率和质量，包括他们发表的观点和回复他人的讨论。这有助于了解学生对课程内容的理解和参与程度。其次，作业提交的及时性和质量是一个重要的参考指标，可以反映学生对学习任务的投入程度。最后，在线测验成绩可以帮助评估学生对知识点的掌握情况，以及他们是否在学习平台上积极参与自测和评估。

综合考虑课堂观察和学习平台参与度记录，教师可以全面评估学生的学习情况。这种评估方法有助于识别学生的学习需求，提供个性化的支持和反馈，从而帮助他们更好地掌握商务英语知识并提高应用能力。

（五）综合评价

综合评价是商务英语教学评估的最终阶段，它的目标是综合考虑多种评估方法的结果，以全面了解学生的商务英语学习情况，并为他们提供个性化的反馈和建议。

首先，收集来自不同评估方法的数据，这包括笔试和口试成绩、项目作业成果、小组讨论和演示的表现、实习实训报告、课堂观察记录以及学习平台参与度记录。这些数据反映了学生在各个方面的学习表现和能力。

其次，将收集到的评估数据整理成综合评估报告。这个报告应该清晰地反映学生在不同领域的表现，如语言技能、应用能力、合作能力、沟通能力等。报告应该提供定量数据和定性评价，以便全面了解学生的学习情况。

再次，综合评估报告并不是商务英语教学评估的终点，而是要根据他们的综合评估报告，为每位学生提供个性化的反馈，强调他们的优点和需要改进的方面。这个反馈应该具体明确，让学生明白他们在哪些方面已经取得了进展，以及在哪些方面需要进一步努力。与学生一起制订个性化的学习计划，以帮助他们改进不足。这个计划可以包括建议的教材、练习、活动，以及学习目标的设定和达成时间表。

最后，将综合评估报告和学习计划放入学生的商务英语电子档案袋中。这个电子档案袋可以作为学生的学习记录，记录他们的学业和职业发展进程。在学期或学年的不同阶段，跟踪学生的学习进展，定期评估他们的目标是否得以实现，是否有所改进。

综上所述，通过多元化的评估方法，可以全面地了解学生的商务英语学习情况，帮助学生发现自身的优势与不足，从而针对性地制订个性化的学习计划和提升方案。这样的评估体系可以更好地促进学生在商务英语学习中的全面发展。

参考文献

[1] 鲍文 . 商务英语教育论 [M]. 上海：上海交通大学出版社，2017.

[2] 李晓坤 . 商务英语语言及其教学研究 [M]. 北京：中国纺织出版社，2017.

[3] 董元元 . 大学英语任务教学法理论与实践 [M]. 北京：光明日报出版社，2018.

[4] 吕晓轩 . 商务英语教学评价理论与实践研究 [M]. 哈尔滨：黑龙江大学出版社，2016.

[5] 夏璐 . 商务英语教学设计 [M]. 武汉：华中科技大学出版社，2016.

[6] 庄玉兰 . 商务英语人才培养与教学改革研究 [M]. 北京：北京理工大学出版社，2017.

[7] 姜伟杰 . 商务英语教学理论研究 [M]. 长春：吉林大学出版社，2016.

[8] 刘永厚 . 商务英语教学研究 [M]. 北京：中国人民大学出版社，2016.

[9] 李琳娜 . 商务英语教学理论与实践研究 [M]. 长春：吉林大学出版社，2016.

[10] 郝晶晶 . 商务英语教学理论与改革实践研究 [M]. 成都：电子科技大学出版社，2017.

[11] 乐国斌 . "互联网 +" 时代商务英语教学模式研究 [M]. 长春：东北师范大学出版社，2018.

[12] 廖桂宇 . 混合教学模式在商务英语教学创新中的应用 [J]. 现代英语，2023（07）：21-24.

[13] 孔宪遂 . 新时代商务英语教学理论与实践研究 [M]. 长春：吉林出版集团股份有限公司，2021.

[14] 于瑶 . 现代商务英语的跨文化交际与应用 [M]. 长春：吉林大学出版社，2018.

[15] 李泳铭，梅曼曼 . 商务英语教学的多模态研究 [J]. 现代英语，2020（18）：3.

[16] 孙晓叶 . 高校商务英语教学的思考 [J]. 石家庄铁路职业技术学院学报，2022，21（01）：114-117.

[17] 夏露 . 新时代的商务英语教学发展研究 [J]. 海外英语，2021（20）：179-180.

[18] 观澜 . 看见学习看见成长项目化学习实施与评价 [M]. 北京：知识产权出版社，2022.